JN038435

中学校道徳サポートBOOKS

中学校道徳板書
スタンダード&アドバンス

荊木　聡 著

明治図書

まえがき

　著名な国語教育の先達，大村はま先生は，「着物は裾で揃えよ」という言葉で教育の秘訣を語られました。「きれいにたたみなさい」と厳しく言うかわりに「裾を揃えなさい」と言うだけで，着物は自然に美しくたたむことができます。教室でも，静かにしなさいと繰り返し言うより，生徒が集中せざるを得ないような内容を用意することで，自然に緊張感のある静謐のときが生まれます。また，仲良くしなさいと言うかわりに，楽しく協力協働の活動ができる課題を与えると自然に目的は達せられると。

　道徳科における「板書」は，まさに，着物における「裾」ということができます。優れた道徳授業，心に残る道徳授業を構築するための要素は多様にあると思いますが，初任者にもベテランにも一番取っつきやすく成果が上がるのが「板書」という「裾」だと思います。すなわち，先生と生徒が協同で創り上げた板書は，自然に道徳授業の成果ともなり，かつ，板書に凝縮・結晶化された美しい文図は，教師にとっても生徒にとっても，道徳授業の楽しさ・魅力を感じつつ，ねらい・主題と課題，自己実現への道筋を示す灯りともなり，生徒各自の心の琴線に触れ，秘かなる決意へと誘ってくれるに違いありません。

　「書くことは魔法である」という言葉がありますが，板書もまた不思議な世界を創り出す魔法の力をもっています。それは，教師と生徒との協働作業によって昇華し止揚した新しい希望に満ちた世界を拓く鍵ともなります。また，1時間で生徒が考え議論した足跡のみならず，主題・価値・ねらいへの道筋を示す地図・道標・澪標の役割ももっています。そして，そこには，道徳授業の1つの到達点が明らかにされています。

　それゆえ，板書は，単なるテクニックやパターン化されたものにとどまらず，究極には1つの教材とねらい・生徒・教師の組み合わせごとに1つの最適な形があると考えます。したがって，その組み合わせが異なれば，また，新たな最適解が生まれることになるわけですが，いずれにしても，教材ごとに，いろいろな型を選択・連携させ，創意工夫を加えることによって，ねらいや大切な決めどころの明確な，そして，生徒の自己認識，自己指導，自己成長，自己実現への道筋を示す特色ある立体構成図になるものと思います。

　そこで，本書では，板書のスタンダードな型と，その例となる教材も挙げるとともに，アドバンスとしての例も示し，総合として，私の推奨したい教材と，板書にいたる指導案，特に発問と話合い・語り合い等にも触れながら，その板書例についても提案したいと考えています。

　ときには，小学校教材を中学生に用いた授業も扱いますが，これは，考え議論させるための授業力を磨く上で大きな示唆を与えてくれるはずです。中学校教材に比べ，範読時間が短く，場面・状況の把握も容易で，授業を核心的な発問から出発させられるため，生徒を深い道徳的思考の世界に誘わなければ，50分の授業時間をもてあますことになってしまうからです。

さて，順序が逆になりましたが，ここで改めて現代の潮流を概観しますと，日本の教育は，今，大きな転換点・不帰還点を迎えていることを強く感じます。IT 化が進み，誰でもどこでも大量の情報が得られます。核家族化・少子化による価値観の変化も激しく，特異な犯罪も起きています。また，学校教育における急速なデジタル化と SNS 等の普及は，陰湿ないじめや様々な依存症等，20年前には想定もされていなかった本質的な変化を生んでいます。

　これらに対応していくためにも，今ほど学校教育と教師の指導力が問われ，中でも，新しい「道徳科」を中心とした道徳教育に期待が集まっているときはないと思います。

　令和における，今回の学習指導要領の改訂等は，教科としての道徳科の出発元年でもあります。そこで，新学習指導要領「特別の教科　道徳」の重視点を，旧学習指導要領に比べ，新しく用いられた言葉，多用・重用されている言葉を中心に次の 6 項目に要約してみました。

①道徳の時間を道徳科とし，教科書を無償配付，各校での実践を量的・質的に確保する。

②道徳的諸価値についての理解を基に，自己を見つめ，物事を広い視野から多面的・多角的に考え，人間としての生き方についての考えを深める学習を通して，道徳的な判断力，心情，実践意欲と態度を育てる。

③道徳教育の指導内容が生徒の日常生活に生かされ，いじめの防止や安全の確保に資する。

④自立心・自律心を高め，生命の連続性・有限性を知り，自他尊重，人間関係を深める中で，自らの弱さを克服し，自らを高め，よりよく生きる喜びや気高く生きようとする心を育む。

⑤生命の尊厳，社会参画，自然，伝統と文化，先人の伝記，スポーツ，情報化への対応（情報モラルも）などの題材で，感動を覚える充実した教材の開発や活用を行う。

⑥評価は，学習状況や道徳性に係る成長の様子を継続的に把握し，記述式で行う。

　この 6 項目を踏まえ，前述のように，生徒の心に深く刻まれたり，心にその一部でも鮮明に残るなどしながら，生徒一人一人のよりよい人生への展望台・鳥瞰図となり得るような板書を探りたいと思っています。そして，本書が示すヒントを 1 つの手がかりにして，最終的には，先生方一人一人の独自の構想のもと，独創的な授業を生み出してくださることを願っています。

　最後に，本書の 2 章・3 章について付記しておきます。そこでは，若手の先生方へのメッセージとして，「研究協議会の実況中継」と題する実践検討を行っておりますが，登場人物は，

新任教師の「明先生」：好奇心旺盛で明るくチャレンジし続ける先生

中堅教師の「智先生」：道徳科を正しく理解して実践に努める賢智の先生

老練教師の「拓先生」：確かな理論と豊富な実践で未来を切り拓く先生

の 3 人です。より豊かで実り多い板書づくりと授業づくりの一助となれば幸いです。

2021年 6 月

荊木　聡

Contents

3章 深い学びに導く 中学校道徳板書のアドバンス

4章　板書づくりとその吟味

1章

道徳科における板書の役割

板書の再発見

道徳科と黒板

　1997年，チェスの世界チャンピオン・カスパロフは，「ディープ・ブルー」に惨敗し，専用マシンに知性を感じたと述べました。2011年，ファクトイド型のクイズ番組『ジョパディ！』で，史上最強と謳われた王者２名が，IBMの質問応答システム「ワトソン」に大敗を喫しました。2013年，電王戦において，将棋のＡ級棋士・三浦弘行八段（当時）が「GPS将棋」に敗れ，「正直，どこが悪かったのかわからない」とまで言わしめました。2015年，「東ロボくん」の大学模試５教科８科目の結果は偏差値57.8で，私立441大学1055学部，国公立33大学39学部で合格率80％以上をたたき出しました。2016年，攻略が最も難しいとされた囲碁の世界でも，最強棋士のひとり，イ・セドル九段が，人間以上の大局観をもった「アルファ碁」に１勝４敗と完敗しました。

　アメリカの未来学者カーツワイルは，2029年には，人間的な知性を判定するチューリングテストに，AI（人工知能）が合格すると予測しています。また，キャッチコピーや"星新一"風の小説を創造するAIも誕生しつつあり，「2030年雇用半減説」をとるならば，消防士，介護福祉士，薬剤師，弁護士，司法書士，会計士，服飾デザイナー，翻訳家，工場労働者，電力会社の技術者，運転手やパイロット，医療診断，情報入力，各種営業など，多岐にわたる業種で今後雇用が激減していくといいます。さらに，2045年にはAIが人間を超える技術的特異点を迎え，人間の独擅場だった「開発と進化」の領域を奪取するとの予測もあります。将来，AIが演算力に加え，ある種の感覚・感情に類するものを有するまでに進化すれば，もはやAIは人知を超えた"生命体"といえるかもしれません。

　この予測不能で爆発的な進化を遂げる文明社会を生きていく子どもたちは，「その65％がまだ存在しない職業に就く」という意味で，真に「未来からの留学生」として船出しなければならず，将来，社会を牽引する船団の水先案内人の役目も担わざるを得ないでしょう。

　そして，そういった場面で力を発揮するのは，AIには獲得しづらい人間らしさの核心「直観・洞察力をもつ」「意味を捉える」等の特性や，「感情を抱く」「自由意志や自己意識をもつ」「価値判断を行う」等の能力に違いありません。すなわち，判断する速度や精度はAIに劣りはしても，何に価値を見出し，何について判断すべきかといった羅針盤や将来展望は，私たち人間の存在価値を見つめ直し得る領域だということです。そのためにも，真善美聖への思いを深め，愛や友情，惻隠の心を大切にして，人間性をより一層磨いていくほかないのです。

B・ラッセルは，「人類の過去は人間と自然との戦いの時代であり，現代は人間と人間との戦いの時代であり，そしてこれからの将来は，人間と自己自身との戦いの時代である」と述べています。今ほど心田を耕すための道徳教育・道徳科授業の充実が要請されている時代はありません。多くの先生方もまた，素心に基づいて道徳授業を豊かで実りあるものにしたいと切望しています。そこで，本書では，その一助となることを願いながら，「板書を充実させる」という簡単明瞭な切り口から論を展開してみたいと思うのです。

　ところで，明治時代の学校教育から使用され始めた黒板ですが，近年では電子黒板なども普及し始めました。そして，GIGA スクール構想に伴う1人1台端末による新しい学習が可能となった今，授業における黒板の役割や活用場面は失われていくのでしょうか。

　確かに，タブレット端末等の電子機器の発展・普及によって，例えば，映像を映す，書き込んで保存し振り返る，書き写す必要なし，拡大表示する，詳細な情報を適時に示す，視覚に訴えて関心を高める，双方向的・個別的な学習を進める，教材・資料の提示を効率化・共有化する，生徒の応答をリアルタイムで把握し一覧化する，等の利点が得られるはずで，こうした学習効果が期待できる場面を見定めて，積極的に活用することが重要です。

　私なら，より深く考え議論する契機を得るため，立場表明やアンケートの結果を即座にグラフ化・数値化したり，発表されたことの根拠・理由に対する各自の意見を書き込ませて一覧化したりして活用するでしょう。また，浮いた時間で生徒自らに意見・考えの対立点を捉えさせ，主体的に議論の焦点化が進むよう見守るかもしれません。さらに，他の学級や学年，他校の生徒，あるいはその道の専門家と遠隔で議論・交流するなど，学習の可能性を広げます。

　しかし，そのような魅力的な学習活動ができるようになったからといって，決して従来の黒板がもっている特性がなくなるわけではありません。黒板は，十分な広さがあり，シンプルで誰にとっても使いやすいものです。チョークで書く文字ひとつとっても，大きく・小さく・太く・細く・濃く・流れるように・刻みつけるように・黄色の文字で，等の工夫や配慮が意のままに行えます。また，必要ならば，矢印・図表・縦書き・横書き・下線等も自由自在に示せますし，短冊や模造紙を議論に応じて移動させることも簡単です。このようなイメージ通りの細かな表現や自由な活用が黒板上で簡単に行えるという事実は，思いの外重要です。なんの負荷もかからず板書できるということは，チョークで書くという物理的な現象に内面の思考が中断されることなく，本質的な熟慮黙考が継続されることを意味します。

　とりわけ道徳科では，教材に含まれた道徳的問題の意味について，切実な想いで額に汗して考え，語り合い，聴き合い，そして，自分との関係で吟味・内省して，人間としての自己の生き方を展望することが求められます。こうした道徳科の特質に鑑みれば，優れた最新の教育機器が導入され利用される時代にあっても，黒板はなお，最も基本的な教育器具として活用され続けるはずですし，また十分に活用されなければ，道徳科授業の質的向上は望めないでしょう。黒板は，学級全員でつくる「最大のノート」なのです。

実習生の板書

　道徳授業における板書の意義と意味を生かそうと，その活用に熱意を傾けられた一部の先生は別にして，中学校の板書は，おしなべて平板なものであったという印象があります。ややもすると，授業を終えた時点で一文字も板書されていない，ということもあったのではないでしょうか。

　そもそも中学校では，多くの場合，道徳の授業時数を確保するという深刻な問題とも結びつき，教科担任制ということもあって，小学校とは比較にならないほどに，道徳授業そのものの研究や実践が深まらず，学習内容や方法の開発はもとより，教材分析や発問構成についての在り方さえも不十分な状況が続きました。当然ながら，多くの場面・状況において，よりよい板書について考察し改善していくといった点には，あまり光があたらなかったのです。

　しかし，板書は，学習活動上の極めて重要な要素であると再確認しなければなりません。次節でも触れる通り，授業の実践段階においては，板書が生徒の思考を補助しますし，完成された板書は授業の全体像を反映したものと言っても過言ではありません。また，授業前の準備段階においては，板書の構想を描くことで，発問の練り直しや授業の改善が図られますし，授業後の反省段階においては，発問の是非や発言の取り上げ方等の成果や課題をつかむことができます。その意味で板書は，授業の結果であり，成果であり，ときには課題なのであり，「板書づくりは授業づくり」であるともいえるのです。

　ところで，こうした中学校の厳しい状況下にあっては，必然的に，文字の羅列だけの板書も増えることになります。実際，次に示す2枚の板書写真はその典型といえるでしょう。

　これらは，実習生の板書で，発問の順番通りに時系列的に書いています。もちろん，それ自体が悪いのではありませんが，1つの発問についてのやりとりが十分でなく，それと表裏を成していますが，ねらいに肉薄できるキーワードを取り上げての追究発問も見られません。また，ねらいに向かう各発問の役割・位置づけが板書からは感じづらく，したがって，発問同士の関係性や補完性も読めずに，各発問が孤立しているかのような印象を受けます。

　例えば，右の写真では，発問④と⑤で「後悔した」と「後悔する必要ない」の両方を板書しています。こうした議論すべき1つの視点が生徒の発言を通して自然と浮かび上がってきており，これ

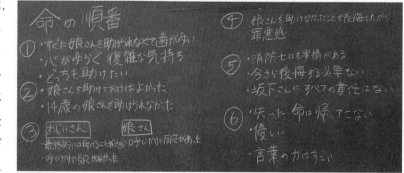

ぞ，授業者にとっては願ってもないチャンスでした。

　私ならば，一案として，両者に下線を引くとともに，そこから矢印をのばして合流させます。その合流した地点に，両者の想いを掘り下げたり，その背景にある道徳的価値に焦点を合わせたりして議論を深め，それぞれの共通点や相違点を整理するのです。そして，このようなことを板書計画の段階で想定していたならば，④と⑤のやりとりは，黒板の上下ではなく左右に並記し，その下に共通点や相違点を書き，その議論を経て最後に発問⑥につないでいくといった工夫もできたのではないでしょうか。

　続いて，右の２枚目の写真ですが，現代社会の今日的課題を扱ったものであり，デリケートな倫理上の問題・安楽死（ギリシャ語の「良き死」euthanasia）を取り上げています。難しいのは，

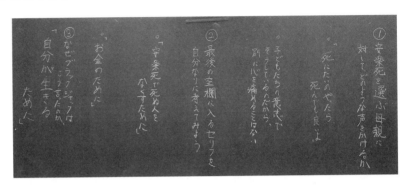

例えば「死にたいのやったら，死んでも良いよ」という発言をどのように解釈すればよいのか，ということです。

　もちろん，一面においては，安楽死は「自発的積極的安楽死」のことであって，自殺幇助や尊厳死（消極的安楽死）とは異なるということへの理解不足が考えられます。また，命の尊厳性・連続性・有限性・一回性等に対する発達の段階に照らしての課題などもあるでしょう。すなわち，授業成立へのいくつかの前提条件が整っていない可能性が考えられます。

　一方で，こうした意見の深め方への準備不足も考えられます。「死にたい」と言ったなら，「なぜ死にたいのか」を共に考えたいものです。「死んでも良い」には，「誰にとって良いのか」「別の誰かにとって悪いということはないのか」や「死ぬことと生きることの長短を比べよう」と投げかけ，「生きるとは」「死ぬとは」という普遍的な価値の意味までを共に議論し合うことで，ねらいへの通路は開かれます。残念ながら，この板書が示す授業では，発問に対する生徒の反応予想をしておらず，板書計画もつくらなかったとのことで，十分な深まりが得られませんでした。

　しかし，考えてみますと，このような授業と板書になった責任の大半を実習生にとらせるのは酷というものでしょう。実習生には指導担当者がつくのですから，その教員の指導のもとで実施されたわけです。したがって，実習生への指導において，板書への言及が不十分であったという事実は，その担当教員自身が行う授業準備においても，板書に対する意識はそれほど高くはなかったことを示唆しているようにも思えます。

板書改善への道

　このような板書の現状を改善しつつ，発問構成と密接に結びついた明瞭な板書構想を描いていくことは，道徳的思考を錬り鍛える「土俵」を用意することにも，考え議論する「方向」を示すことにも，授業全体を反映した学習の「軌跡」を表現することにもつながります。

　また，授業結果としての板書を振り返ることで，授業構想，発問構成，生徒発言の受け止め方，追究発問のタイミング等の良否について，自分がイメージする授業像に「反射」させて吟味することもできます。さらに，実践上の成果と課題を見出し，その伸長策・改善策を「再構成」して，明日からの道徳授業に活用・活着させていくことも期待できるはずです。

　ところで，道徳科における「板書力」を向上させるのは難しいことなのでしょうか。

　「指導法は教材にまさり，指導者は指導法にまさる」という言葉がありますが，板書は「教材」や「指導内容」，「指導方法」や「指導技術」，そして「教師」といった全ての要素と深く連動しています。このことは，板書は指導方法を支える重要な教具・学習具であり，板書に関わる様々な知識や技術も必要ではありますが，板書の知識・技術は他の要素と切り離して独立して活用することはできない，ということも意味しています。

　例えば，板書計画は，直接的には授業のねらいと発問構成・反応予想に基づいて作成されますが，授業のねらいや発問構成・反応予想というものは，主題や内容項目の研究，教材分析，生徒の心の実態等の考察を経て導き出されます。

　結局，板書に関する知識や技術を生かせるかどうかは，このような準備段階での様々な熟慮と判断とも深く関係しているわけです。

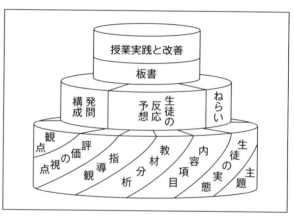

板書づくりの構成要素図

　また，板書に何を記すのかという点に関しても，主題のねらいに対する考え方や生徒発言に対する受け止め方が重要になります。そしてなにより，板書を真に充実させる核となるのは，一人一人の心の姿が反映された「かすかな声」に耳を傾けて聴き入り，その大切な想いや願いを丁寧に板書して，次の授業展開へつないでいくといった教師や学級の誠実で温かな姿勢であるということです。額に汗して考えた生徒の一つ一つの見方・考え方に，教師も含めた学級全体が共に興味・関心を示して真摯に向き合うといった学びの姿勢を積み重ねることが必要なのです。

　生徒は，教師や級友との信頼関係に基づいてこそ，真の自分を語るのだという真実を，一人

一人が常に胸に刻み続けながら，発言の中にある宝玉の一語を見逃さないようにすることで初めて，板書に関する知識や技術も生きてくるといえるでしょう。

　ところで，道徳科の構想から実践，振り返りといった，およそ授業に関わる全てにわたって密接に関連づいている「板書力」を，短期間に向上させるのは難しいことなのでしょうか。

　これに対する1つの解答として，貝塚市立第五中学校の事例を紹介したいと思います。貝塚市立第五中学校は，大阪府教育委員会の道徳教育推進指定校として，平成28・29年度の研究成果を報告書「道徳科の効果的な指導と評価～『価値認識』『自己認識』『自己展望』を基壇にして～」にまとめていますが，次節で述べる「価値認識」「自己認識」「自己展望」という道徳科の目標とも整合する3つの視点を発問構成に導入し，その発問と連動した板書計画を立てて授業に臨んでいます。

　「道徳授業の板書の仕方について，工夫したところがあったか」という質問項目に対して，「そう思う」と回答した教員は，初年度の1学期には9.5％だったのが，8～10月に行われた模擬授業とプレ研究授業，及び校内一斉の研究授業を経て，46.7％にまで急上昇しています。具体的には，本書でも紹介する「矢印」「ネームプレート」「数直線」「マトリクス図」「座標平面図」「短冊」「写真・絵図」等を用いた工夫がなされていました。

　最終的には，その年度末において「そう思う」と回答した教員は，30.0％で落ち着きましたが，これは，先生方が板書だけでなく，授業の良否を決める様々な要素にも意識が向かうとともに，板書を熟慮して工夫する段階から習慣化が進み，自然体でよりよい板書を完成させられる域に移行したことを物語っています。

　ところで，このような意識改革が進んだ理由ですが，研究授業において豊かな議論と授業展開に伴う多様な板書が実現され，同時に，それらの板書写真を一覧にして配布したことで，教員個々の大いなる刺激になり，あわせて，学校組織としての共通理解も進んだからだと考えられます。また，多種多様なすばらしい板書写真を数多く観察しさえすれば，各自の専門教科の板書経験を基礎として，すぐに吸収可能な技能であるともいえるでしょう。実際，貝塚市立第五中学校の研究成果によれば，教師による「板書の工夫」は，ほんの数か月程度で改善される性質のものであることが明らかになっています。

　さらに，興味深いことには，「板書の工夫」は，「発問づくりについての自信度・成功度に満足している」という面と関係があるだけでなく，加えて「生徒を理解する上での新しい発見があった」「授業中の生徒は楽しんだ（興味をもった）様子だった」「生徒の発言内容ややりとりに関する充実度に満足している」といった面とも，一定の関係が認められたというのです。

　この実証的な板書の効用・効果を踏まえたとき，より充実した板書は，授業実践の全般にわたる充実と重なっていることは明らかであり，まさに，「板書づくりは授業づくり」であることを物語っているものといえるでしょう。

授業づくりと板書

授業づくりの視点〜山登りのイメージ〜

　板書の技術・技能は，形式的・断片的に切り取って提示することはできますが，それ単独では生きて働くものではありません。そこでまず，板書づくりと表裏を成す授業づくりについて考えておきたいと思います。

　授業づくりに関しては，授業準備のプロセスをことさら複雑にしても，それに比例して授業が豊かになるとは限りません。むしろ私は，授業づくりの骨子をシンプルに考えておくからこそ，授業の設計や実践の中に行間・余白が生まれ，指導者一人一人の個性を光らせ得る余地が残ると考えています。

　そこで，授業づくりを簡単に捉えるため，山登りをイメージしてみましょう。

　すると，第一の視点として，登ろうとする山の姿・形や高さ，山頂の方向・位置等の全体像について把握する必要があるでしょう。

　こちらの壁面は急峻だが，裏側の斜面はなだらかであるなど，その山がもっている特徴や性質を様々な方向・角度から理解しておくことが基本になります。

　第二の視点として，今，自分が立っている場所や状況を確かめておくことも重要になるでしょう。山のふもと付近にいるのか，山腹まできているのか，すでに山頂近くまで登っているのか，といった立脚点を確認するのです。また，道に迷った場合などは，これまで歩んできた道程を振り返り，見つめ直すことも必要になるかもしれません。

　第三の視点として，自分の足許から山頂へ延長線を引いて，山頂へ向かう自分なりのルートや道標を見出す必要があるでしょう。個々の立ち位置は十人十色ですし，登山のための体力や用具等も異なりますから，自分に適したルートが多種多様になるのは当然といえます。そして，この３つの登山準備があって，ようやく具体的な第一歩を踏み出すことができるのです。

　道徳の授業づくりも，同じように考えることで，自ずから押さえるべき要諦が明らかになると考えます。すなわち，１つの道徳授業で考えていく内容項目，あるいはその中に複数含まれている道徳的価値の一つ一つを「山」になぞらえるのです。

　すると，第一の視点である「登る山の姿・形や高さ・山頂の方向・位置を把握する」とは，

「道徳的価値を多面的・多角的に捉え直す」ということにほかならず，これが授業の基本であり出発点であるということです。

　道徳的価値の新しい断面に直面したり，道徳的価値への理解を広げ深めたりする場面が，授業づくりの前提であり，出発点であるといえるのです。具体的には，例えば「思いやりって，自分の優しさを相手に伝えることだと思っていたけど，相手に知られずに行うこともあるんだ！」といった，登る山（思いやり）の姿（新しい切り口）を捉え直す（道徳的価値の再構築）ことが，これに当たります。

　また，第二の視点である「自分の立ち位置を確かめる」とは，主題が含む道徳的価値に関わって「来し方を見つめ，自己の立脚点を探り確かめる」ということと重なります。

　新たに広げ深めた道徳的価値を含む世界に対して自我関与し，自己判断・自己評価を定めていく場面も，授業を豊かにする重要な要素であると考えられます。具体的には，例えば「"見える思いやり"と"見えない思いやり"について，これまであまり意識したことはなかったけれど，一体自分はどう考え，どう向き合っているのだろうか」「"思いやり"と"おせっかいや当然"の違いについて，級友の考えとも照らし合わせながら，自分らしい考え方を見つめ深めてみたい」といった，登る山（思いやり）の新しい壁面（多面的・多角的に捉えた価値の断面）に照らしての自己の立脚点を明瞭にする（道徳的価値の新しい断面への自分の立場・考え方の錬磨）ことが，これに当たります。

　最後の第三の視点である「自分なりのルートや道標を見出す」とは，主題が含む道徳的価値における「自分らしい理想像を想い描いて，自分らしい実現への道筋を展望する」ということになるでしょう。

　そのためには，個人的・社会的な阻害条件も視野に入れながらも，それを自己の内面的な克服条件として考察するようなことも大切になってくるはずです。具体的には，例えば「思いやりは押し売りではなく，相手が気をつかわないように行いたい！」や「相手の性格や状況に応じて，思いやりの形を適切に選択したい！」といった，登る山（思いやり）の新しい壁面と自己の立脚点を踏まえながら，山頂を見極め，道筋を探り，その第一歩を踏み出そうとする（新しい価値の断面に対する「秘かなる決意」）ことが，これに当たります。

　そして，上で述べた授業づくりの３つの視点のそれぞれを，本書では端的に「価値認識」「自己認識」「自己展望」と呼んでおきたいと思います。

　すなわち，比喩的に表現すれば，「価値認識」は，登る山の姿・形や高さ，山頂の方向・位置を見つめ直す視点であり，「自己認識」は，来し方を見つめ，自己の立脚点を探り確かめる視点であり，「自己展望」は，自己の足許から延長線を引いて山頂への道標や道筋を描く視点です。

道徳科の目標

　次の表は，上述したことに多少の補足を加えて整理し直したものです。この授業づくりの3つの視点は大変シンプルですが，実は道徳科の目標とも密接に重なり合っています。

山の姿・形を豊かに捉える ➡	価値認識	道徳的価値の新しい面に出会ったり，矛盾する価値を衝突させたりして，道徳的価値を再構成して捉え直す視点
自分の立ち位置を確かめる ➡	自己認識	自分との関わりで捉え直した道徳的価値を含む世界について，「自分はどう考え，評価するのか」を省みる視点
山頂へのルートや道標を拓く ➡	自己展望	人間としての自己の生き方を展望しながら，道徳的価値の実現に必要な条件を考えたり，実践への糸口や手がかりを見出したりして，内面で"秘かなる決意"を温める視点

　教科化された道徳科の目標は，「よりよく生きるための基盤となる道徳性を養うため，道徳的諸価値についての理解を基に，自己を見つめ，物事を広い視野から多面的・多角的に考え，人間としての生き方についての考えを深める学習を通して，道徳的な判断力，心情，実践意欲と態度を育てる」と示され，従前の目標を十分に踏まえながらも，平易な表現に改められています。

　特筆すべきは，目標の中に学習のプロセスや方途を示唆する語句が見られるという点です。

　まず，学習のプロセスに関わる面を指摘してみると，第一の視点「価値認識」と重なり合う「道徳的諸価値についての理解」の語が，第二の視点「自己認識」と重なり合う「自己を見つめ」の語が，そして，第三の視点「自己展望」と重なり合う「人間としての生き方についての考えを深める」の語が認められます。

　もちろん，これらの視点によって学習プロセスが順序化・固定化されることは避け，学習活動が画一化しないように心がけるべきではありますが，いずれにしても，授業づくりを考える上での極めて重要にして有用な視点であることは間違いありません。

【授業づくりの視点】	【道徳科の目標】
	よりよく生きるための基盤となる道徳性を養うため，
①価値認識 ➡	道徳的諸価値についての理解を基に，
②自己認識 ➡	自己を見つめ，
	物事を広い視野から多面的・多角的に考え，
③自己展望 ➡	人間としての生き方についての考えを深める学習を通して，
	道徳的な判断力，心情，実践意欲と態度を育てる

なお，授業づくりの第一の視点として「価値認識」という言葉を用いましたが，道徳科の目標に示された表現からすると「価値理解」としてもよいかもしれません。しかし，「理解」ではなくわざわざ「認識」と表現したのには多少の意図を込めています。すなわち「解説」では，道徳的価値についての理解を「価値の意味を明確に捉えること」として，その基本を押さえているのですが，それだけにとどまらず，「自己との関わりの問い直し」や「複数の価値が対立する場面における心の葛藤や揺れ」，さらには「判断・選択とその結果を通して，道徳的価値の本当の理解が始まる」という点にまで踏み込んで説明しています。

　「価値理解」を「道徳的価値の特徴や具体例の把握」，「価値認識」を「価値の客観的な理解のみならず，自己との関係性，自分にとっての重要性をも加味した主体的な把握」と捉える立場からは，新学習指導要領にいう「道徳的諸価値の理解」の真意は，価値の「認識」にあるといってよいだろうと思うのです。

　最後に，道徳科の目標にある「物事を広い視野から多面的・多角的に考え」という学習の方途にも通じる表現について触れておきます。この「多面的・多角的」という語は，平成20年度の学習指導要領には見られませんが，その「解説」には，道徳的価値の自覚を深めることと関わって「一面的な見方から多面的な見方へ」や，自然愛護や畏敬の念と関わって「多面的・多角的にとらえることが大切である」などと用いられていました。この度，ややもすると埋もれがちであった「多面的・多角的」という学習上の手がかりが，道徳科の目標に導入されてにわかに脚光を浴びました。「主体的・対話的で深い学び」のための１つの重要な方向性を指し示す「考え，議論する道徳」を実現するためにも，私たちは，多面的・多角的に考えるという学習場面を組織していくことを志向したいものです。

道徳的価値の自覚

　続いて，この授業づくりの３つの視点と「道徳的価値の自覚」との深い関係についても触れておきたいと思います。

　従前の道徳の時間の目標には，「道徳的価値及びそれに基づいた人間としての生き方についての自覚を深め，道徳的実践力を育成する」とあり，道徳教育を語る上で極めて重要な「自覚」というキーワードが明記されていました。

　この「自覚」という用語は，知識や技能に対する理解・習熟とは質を異にしています。単に知識や技能を理解し習熟するだけであれば，仮に，強制的な学習であったとしても吸収させることはできるでしょう。しかし，道徳的価値の「自覚」と表現しているのは，裏を返せば，強制や誘導ができないことを物語っているのです。

　このことは，個性輝く自分らしい生き方というものは多種多様であり，それは自分で想い描き切り拓くほかはない，という真実とも通底しています。自分が納得できる人生観や世界観を

主体的に模索し確立していく際の礎となる道徳的価値は，注入したり押しつけたりできるものではなく，まさに，生徒一人一人の自覚を待つほかはないということです。もちろん，無為に待つのではなく，創意工夫のある授業を行うことを通じて，待望し熱望し切望するわけです。

　なお，道徳的「行為・実践」ということについても，道徳的価値に照らして主体的に思考して自分らしい道を自己の責任において践んでいくという意味で，強制や誘導ができるものではありません。強制や誘導ができる「行動・実行」との決定的な違いといえます。

　さて，このような性質をもった道徳的価値の自覚は，平成20年度の解説で，次のように述べられていました。すなわち，「一つは，道徳的価値についての理解である。道徳的価値が人間らしさを表すものであるため，同時に人間理解や他者理解を深めていくようにする。二つは，自分とのかかわりで道徳的価値がとらえられることである。そのことにあわせて自己理解を深めていくようにする。三つは，道徳的価値を自分なりに発展させていくことへの思いや課題が培われることである。その中で自己や社会の未来に夢や希望がもてるようにする」と。

　その要点を整理すれば，

①道徳的価値について理解し，人間理解や他者理解を深める
②自分とのかかわりで道徳的価値をとらえ，自己理解を深める
③道徳的価値を自分なりに発展させ，自己や社会の未来に夢や希望をもつ

ということになります。

　改正された学習指導要領では，「道徳的価値の自覚」の語は，表現上は消えたように映りますが，上の枠内に示した3つの要点は，道徳科の目標に示されている「道徳的諸価値についての理解」「自己を見つめ」「人間としての生き方についての考えを深める」に符合しており，その精神はしっかりと生き続けていることがわかります。したがって，必然的に，授業づくりの3つの視点「価値認識」「自己認識」「自己展望」も，道徳的価値の自覚を深める3つの要点と重なり合うわけです。

【授業づくりの視点】	【道徳的価値の自覚の要点】	【留意点】
①価値認識 ➡	道徳的価値を理解する	人間理解，他者理解も深める
②自己認識 ➡	自己理解を深める	自分とのかかわりで道徳的価値を把握
③自己展望 ➡	未来に夢や希望をもつ	｛道徳的価値を自分なりに発展させる　よりよい自己や社会の未来を描く

　上表の右欄では，「授業づくりの視点」の核心部を指し示す文言を，従前の「解説」から取り出して「要点」とし，また，その他の要素についても「留意点」として簡潔に示しました。さらに，「要点」と「留意点」とを実線もしくは破線で結びましたが，基本としては，実線は「解説」の文面上においてつながっていることを表し，破線は実践的にはつながっていること，

すなわち実際の授業づくりを考える上ではその関連・協働にも留意しなければならないことを表しています。

　例外として，要点の１つ目「道徳的価値を理解する」と留意点の２つ目「自分とのかかわりで道徳的価値を把握」については，実線で結びました。これは，現在の道徳科の「解説」において，先にも少し触れた通り，道徳的価値の本当の理解は，教材を基にした対話を手がかりに自己との関わりを問い直すことから始まる，という趣旨のことが述べられている点を踏まえたものです。

　このことからも納得いただけると思いますが，例えば，「健康は，自分が元気に走り回っていた頃は大して重要だと思ってなかったけれど，大病を患ってからは，命の次に大切なもの，というより命そのものである，と思うようになった」といった主観的・体験的に価値観を築いていく場面は，自分との関係性で価値を捉え直したという結果に焦点化すれば「道徳的価値を理解する」に当たりますし，その捉え直す過程においては自分自身の価値への向き合い方を見つめ確かめており，その限りでは「自己理解を深める」に当たるといえるでしょう。すなわち，新旧の「解説」を総合すれば，道徳的価値の自覚の要点は三者がそれぞれ相互補完的に結び合っていることが読み取れるのです。

　本書でいう「価値認識」「自己認識」「自己展望」についても，厳密な定義づけをして授業実践の場に無用の混乱を生じさせることを避けつつ，あくまでもよりよい授業づくりの「視点・方向性」を簡潔に表現したものとして提示しています。授業づくり，発問づくりのわかりやすい手がかり・糸口という意味でもあります。

　したがって，授業場面によっては，２つ以上の視点が明瞭には分かれずに融合していることも考えられます。また，必ずしも「価値認識」「自己認識」「自己展望」の順番で授業展開しなければならないというわけでも，１つの授業に３つの視点全てを組み込まねばならないというわけでもありません。学級の生徒ならではの実態や特性に応じつつ，道徳科の目標を授業実践に落とし込むには，「価値認識」を基にしながらも，しかしその先にある「自己認識」「自己展望」の可能性・有効性も追究することが重要であり，この理に適った３つの視点を相互往還的に生かして，指導者の個性が柔軟に発揮された道徳授業をできる限りシンプルに創発しようということなのです。

自我の確立

　続いてもう１つ，この授業づくりの３つの視点を，「自我」という重要な切り口からも捉え直してみます。

　道徳教育に係る評価等の在り方に関する専門家会議の平成28年の報告「『特別の教科　道徳』の指導方法・評価等について」において，質の高い多様な指導方法の１つとして「読み物教材

の登場人物への自我関与が中心の学習」が例示されました。そこでは，「教材の登場人物の判断や心情を自分との関わりにおいて多面的・多角的に考えることを通し，道徳的諸価値の理解を深めることについて効果的な指導方法であり，登場人物に自分を投影して，その判断や心情を考えることにより，道徳的価値の理解を深めることができる」とされ，「知覚し思考する対象について自己を関係づける」という自我の性質を活用することが推奨されています。

　また，道徳科の「解説」の中では，「自我」は6回出てきており，「自我の確立」や「自我に目覚め」「自我意識」として使われています。その文脈からは，今までの社会通念や価値観を捉え直して主体的に考え行動したり，自分の判断や意志で生きていこうとする自立・自律への意欲が高まったりすることと並んで「自我」が形成され，自分らしい人生観・世界観を模索し確立していく面に結びつながることが読み取れます。

　さらに，「自我」の語は，昭和33年の学習指導要領の道徳の節において，すでに見ることができます。指導上の留意事項として，「道徳的な観念や知識を明確にするとともに，理解，判断，推理などの諸能力を養い，さらに習慣，心情，態度などのすべてにわたって健全な発達を遂げさせ，これらが統合されて，自我の強さが形成されるように適切な指導を与えることが必要である」と示されているのです。なお，ここでいう「自我の強さ」とは，筋の通った深い重心を湛えた人間に必須のものであり，かつ，その筋の通った生き方は，多くの人に納得や共感を呼ぶ普遍性・社会性を備えたものである，というのが私の見立てです。そして，究極的には，「捨我」から「無我」への境地，すなわち，自己実現から自己超越にまで到ったときに，自我の強さは最大級になるような気がしますが，もちろん，道徳教育でこの水準をねらうわけではありません。

　さて，一般的には，自らを客観的に見つめるとき，見つめられる自分を「自己」，自分を見つめるもうひとりの自分を「自我」と考える立場がありますが，諸々の要素や能力が「統合されて，自我の強さが形成される」との指摘は，自我の形成は単発的に完結するものではなく，いくつかのプロセスを経る必要があることを示唆しています。

　そこで，『岩波　哲学・思想事典』（岩波書店）を基にそのプロセスを捉えてみると，「生徒の自我は，登場人物に自分を投影するだけにとどまらず，級友の多様な観点・立場・意見・考え等とも照らし合わすことで，初めて客観視された自己像を結ぶので，その意味では，自己の生き方を，他者の生き方を媒介として練り鍛え，より納得のいく誠実で美しい自己の生き方へと再び立ち還ることが自我関与の全体像である」といった見方が成り立ちそうです。

　そして，上述したことを踏まえますと，授業づくりの視点「価値認識」は「教材の登場人物の判断や心情を自分との関わりにおいて多面的・多角的に考えることを通し，道徳的諸価値の理解を深める」ことに重なり，「自己認識」は「級友の多様な観点・立場・意見・考え等とも照らし合わすことで，初めて客観視された自己像を結ぶ」ことに重なり，「自己展望」は「自己の生き方を，他者の生き方を媒介として練り鍛え，より納得のいく誠実で美しい自己の生き

方へと再び立ち還る」ことに重なっていると考えられます。

【授業づくりの視点】	【自我の確立・形成のプロセス】
①価値認識 ➡	登場人物に**自分を投影**し，その判断や心情を考えることで，**道徳的価値の理解を深める**
②自己認識 ➡	**他者の多様な観点・立場・考え方**とも照らし合わせ，**客観視された自己像**を結ぶ
③自己展望 ➡	自己の生き方を練り鍛え，誠実で美しいより**納得のいく自己の生き方**へと再び立ち還る

　以上，山登りになぞらえることのできる授業づくりの３つの視点「価値認識」「自己認識」「自己展望」が，「道徳科の目標」に示された学習プロセスをはじめ，「道徳的価値の自覚」を深めるための３つの要点，「自我」の確立・形成のプロセスとも整合していることを述べました。

　これは，この授業づくりの３つの視点が，従前の道徳の時間，及び現在の道徳科授業を考える上で大変重要な要素や概念に支えられたものであるということです。しかも，わずか３つの視点というシンプルさですから，利便性が高いといえます。

　道徳科の特質を特段に意識しなくても，自然とそれを踏まえた授業づくりに臨むことができるようになりますし，３つの視点を様々な順番で組み合わせたり，往還させたりすることで，生徒と教師が共に学び合う楽しい授業が増えることが期待できます。

　また，これらは視点であって，授業づくりの技術・技法ではないので，具体的な発問レベルになると非常に柔軟性を帯びてきます。同じ教材・ねらいの授業であっても，担任の先生の個性の違いによって，実に様々な発問構成と授業展開が生まれるのです。

　しかも，発問の方向性や役割が明瞭ですから，道徳科への自信と手応えをもたらすことに通じ，若手教員を含めた全ての先生にとって，道徳授業は「難しく煩わしい時間」から「貴重な発見がある待ち遠しい時間」に変容するはずです。そして同時に，それぞれの授業の多様な長短が一挙に見えてきますから，チーム学校としての道徳授業に関わる財産が急ピッチで蓄積されていくことになるのです。

　２章・３章では，具体的な授業とその板書を基に，３人の教師が協議するページがあり，その中では「価値認識」「自己認識」「自己展望」の語句が登場します。そういったページも通して，３つの視点と授業づくり・板書づくりの関連を深め，具体的な実践に活用していただきたいと思います。

板書づくりは授業づくり

　板書の良し悪しを１つの基準だけに照らして即断するのが難しいのは，例えば，書いては消し消しては書くということを繰り返して，最終的に主題のねらいに迫り得た道徳的思考の結晶だけが簡潔明瞭な形で黒板に残っている，といったスタイルの授業も否定できないからです。ただ，私の個人的な好みからいえば，生徒が自分自身と真剣に対峙して自分の生き方を吐露した発言は，その中のキーワードだけでも板書してねらいに肉薄する糧とし，授業の最後まで大切に残しておきたい，という想いがあります。実際，このような板書づくりに努めた先述の貝塚市立第五中学校の研究成果では，教師自身の自己評価が高い板書が生まれた授業では，授業そのものに対する生徒の評価も高かったという事実が明らかになっています。生徒一人一人の発言を大切に扱う板書は，生徒自身の考えを整理することにつながり，ひいては，より広く深い道徳的思考にまで至り，新たな価値的世界を拓くことに結びつくということでしょう。

　このように，板書は授業実践の結果や成果が結実したものであると同時に，その学習のプロセスを克明に示したものであり，ときには，生徒個々を新しい課題に直面させるものだといえるでしょう。この意味で，「授業の反映としての板書」が生まれると同時に，「板書の反映としての授業」が生まれる，と考えることもできるのです。

　さて，「板書の反映としての授業」という面について，もう１つ補足しておくことにします。すなわち，板書計画が実際の授業に与える影響についてです。一般的には，基本発問や中心発問，追究発問を整えた後，板書計画を立てれば，準備としてはほぼ終了であり，その後，それに基づいて授業に臨むことになります。しかし，私の場合は，しばしば板書計画を立てた後に，もう一度，発問構成について吟味し直すことがあります。

　25ページの板書写真は，二教材比較対照授業のものです。この授業の誕生秘話ではないですが，生まれるに至った経緯に触れてみます。

　１つの授業で１つの教材を用いるのが一般的で，必要に応じて補助教材・資料を併用することもありますが，ここでは，２つの教材を使用し，しかも同じ比重をかけました。教材は，宮城師範学校出身の小学校教員であり，また教育評論家でもあった鈴木道太氏の『叱ってよい時わるい時』（明治図書）と，昭和49年の『鬼の詩』で知られる直木賞作家であり，織田作之助に関わっての４部作など，大阪を舞台にした文芸作品も多い藤本義一氏の『百円オペラ』（集英社）より「二人の少年の話」を取り上げました。

　まず，教材『叱ってよい時わるい時』については，小学校中学年になる長男「敏雄」を父親の「私」が叱る場面を取り上げ，それが象徴する「愛ある厳しさ」と「両罰の思想」について考察していくことができると考えました。あらすじは，次の通りです。

粉雪のちらつく寒い日の夕方，仏壇にあった小銭を盗って買い食いした敏雄に，父親は「お前のやったことがどんなに悪いことか教えてやる。いいか，お前に今から，水を5杯かける」と言い放ちます。母親が「敏雄が，死んでしまう……」と泣いて止めるのも聞かず，父親は敏雄をパンツ1枚にしてしまいます。しかしそこで，「お前が悪いことをしたのは，お父さんにも責任がある。だから，お父さんも水を5杯かぶる」とつけ加えるのでした。

　そして，まず父親の方が，庭の池の氷を割って5杯かぶったところ，それはそれは心臓が止まるような冷たさだったのです。当然ながら，傍らの息子に，その冷たい水のしぶきがかかっています。しかし，息子は目からだらだら涙を流しながら，それを避けようともせず，ぶるぶる震えて立っているのでした。そのじっと父親を見つめている息子の顔を見たときほど，「俺の血を分けた大事な息子なんだ」と，心の底から実感として受け止めたことはなかったというのです。

　それから，心を鬼にして息子に水を3杯かけ，すくんだ息子にあとの2杯は半分にして，数だけ5杯かけてから，横抱きにして風呂場に駆け込んだのです。乾いたタオルで息子の体を拭いてやると，そばのタオルで父親の腹をなでており，思わず息子を抱いて男泣きに泣いてしまったのです。

　それから敏雄は，自分のお金でないものには，投げておいても手を触れない子どもになったということです。

　次に，日常場面の些細にして温かく清々しい出来事を見事に活写した「二人の少年の話」の冒頭部分を取り上げました。

　このエピソードが象徴する「慈愛と優しさ」を通して，豊かさや幸福の真実の姿を浮き彫りにすることができると考えました。あらすじは，以下の通りです。

　少年は，大阪湾近くの湿地帯にある，木造アパートの2階の三畳半と板間の部屋に，母と一緒に住んでいます。母は，漬物屋の倉庫でパートとして1日6時間働き，帰ると夜遅くまで仕立物の賃仕事をして暮らしています。普段，母と一緒に出かけることもない少年が，「夏休みに一番嬉しかったことを作文に」と先生から言われ，母との幸せな30分間を書いたのです。

　少年は，雨上がりのスモッグの消えた窓の下で工作をしています。母は，少年の後ろで針仕事をしています。すると，西の空が夕焼けに染まってきました。

　「おかあちゃん，夕焼けや。きれいやわ」と言うと，母は仕事の手を休め，少年の横に並んで座ってくれたというのです。そして，ふたりの時間は，夕陽が海の彼方に沈むまでの30分もあったと，少年は誇らしげに言ったのです。

　少年がきれいだと感じた風景を，母もまたきれいだと同調してくれた心のふれあいが，少年にはたまらなく嬉しく，これほどの充実した時間はそれまでになかったと言うのでした。

はじめは，長年温めていた『叱ってよい時わるい時』のエピソードを用いて，家族愛についての授業を計画していました。本教材には，「両罰の思想」が底流にありますので，①A：「息子の敏雄の涙と父の涙の意味」について発問しようと思いました。それに続いて，敏雄の心の変容に焦点を当て，②A：「敏雄が"投げておいても手を触れない"子になったのは，父親の姿に何を感じ取ったからか」を問うことにし，そして最後は，③：「幸せな家族に必要なもの」を問う予定だったのです。ところが，父親の厳しい姿だけからでは，家族愛の形が一面的で広がりに欠けるところがあると感じたのです。普通は，深まりがあれば，必ずしも広がりがなくてもよいところですが，実は，本授業は卒業式直前の最後の授業でもあり，卒業生が想い描く家族・家庭像がより一層広がりと奥行きのあるものになるようにとの願いを，彼らの人生における最後の道徳授業に込めたいと思ったのでした。

　そこで，もう1つの教材として，これも長年温めていた「二人の少年の話」を補助的に使用して授業展開するつもりでいました。こちらは，母親の心が温かく染み入る慈愛の物語であり，②B：「おかあちゃんが偉いんや」と言ったのは，母親の姿に何を感じ取ったからか」を，②Aと③の間に補助発問として挿入することを考えていたのです。

　板書構想は，時系列的に①Aを黒板右に書き，②Aと②Bを上下に対比させて黒板中央に示し，最後は②Aと②Bを止揚して③を黒板左に記すというものでした。一見すると，発問①Aを受けて②Aと②Bに枝分かれし，それが最終的に発問③の場面に集約されているような板書ですが，このような構造になっていると思ったのは私の錯覚でした。①Aと②Bは，何の関連もありません。

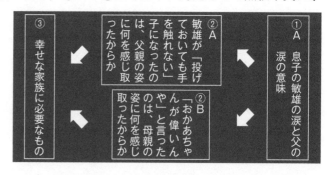

　これは，実質的には①A→②A→②B→③と一直線に進んでいるだけの発問構成であり，関連性があるかのように構造的な板書にしても効果は薄いのです。しかもこの場合は，②Aと②Bが断絶しており，発問②Bの意義自体を問い直す必要も出てきそうです。

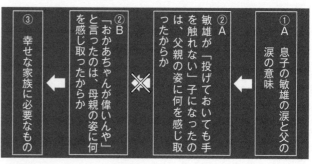

　そこで，②Aと②Bが全く別の切り口の素材であることを前提にして，黒板の右側と左側に分けて板書し，中央に発問③のやりとりを整理して示すという構想に切り替えました。そして，各発問に対するやりとりをどの位置に書くべきかを細かく考えようとしたときに，ふと，「二人の少年の話」の方には，発問①Aに相当する問いがないことに思い至ったのです。

当初，「二人の少年の話」は補助教材としての位置づけでしたし，これまでの道徳授業では，1時間の中で2つの教材を同じ比重で扱うということがありませんでしたので，そのような発想自体が私の中にありませんでした。しかし，そうした既成の枠組を超えて，②Bの前に発問①B：「母親が少年の横に並んで座ったのは，どのような思いからか」を置くことにしたのです。

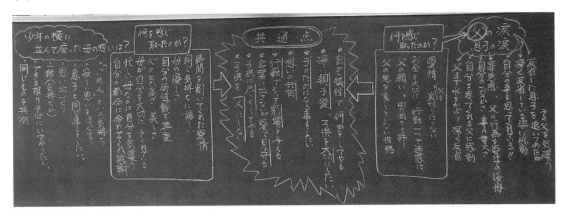

　その結果，「並んで座った母の想い」についての多数意見は，「いつもひとりにさせているので少しでもそばにいたい（30％）」「ごめんと謝る気持ち（24％）」等で，「共有したい（39％）」にも意見が集中し，その対象は「美しい風景」「同じ時間」「同じ感動や心」にようやく大別できるほど，多面的に考えることができたのです。

　さらに，その効果は，最後の発問「2つの話の共通点」にも波及しており，「動と静」「厳と優」という異なる状況から共通項を見出すことで，「親が子どもを大切に思う無条件の深い愛情（32％）」を中心としながら，少数ながら「親が子を大切に思っているだけでなく，子も親を大切に思っている」という意見も出されました。また，「同じ行動の中で同じ感情を共有する（19％）」「言葉より態度や行動で想いを示す（16％）」「自己犠牲を伴う愛情（11％）」等，息子の将来の幸せを希いつつ，いつまでも心に残る愛情の伝え方を体現している点に胸打たれたという感想も多数生まれたのでした。

　以上のように考えますと，板書は，授業の結果が凝縮・反映されたものであり，授業全体を振り返って，次のよりよい授業につないでいくという面や，授業中のやりとりを整理して，議論をより深く活性化させるという面をもっています。しかし，他面においては，今見てきた通り，板書構想の欠点を炙り出し，意識することで，新たな発問が生まれたり，発問同士の結びつき方を明瞭に把握できたりするという面もあわせてもっているのです。そして，これについては，板書のもつ新たな可能性として活用していきたいと思うのです。

板書づくり

板書の形式

「板書づくり」と「授業づくり」は表裏を成していますので，授業づくりの３つの視点は，そのまま具体的な基本発問を通して，板書づくりにも反映されることになります。

すなわち，教師が行う指導展開の手順「展開の大要（学習指導過程）」に基づいて，生徒とともに１つの授業が紡ぎ出されるわけですが，その展開の大要が示す手順は，まぎれもなく「道徳的価値についての理解を基に道徳的価値や人間としての生き方についての自覚を深めること」を目指したものであり，したがって，道徳的価値を主体的に自覚していくプロセスが，板書づくりにおいても視認できるはずだ，というのは至極当然であるといえます。

本節では，そのことを実感していただくことをねらって，板書づくりとその効用について論を進めていきます。

まず，板書の形式的な面について，触れておきたいと思います。

板書の最も基本的な形としては，「時系列」的なものと「構造」的なものが考えられます。「時系列」的な板書は，授業展開に沿って黒板の右から左へ書いていく形式が一般的で，生徒発言を記した板書の中のキーワードや重要な視点に傍線を引いておき，そのキーワードや視点を糸口としながら，次の基本発問では，すぐ隣の黒板の空いている箇所に，より一層深まった考えや新たな観点や課題を視覚的にも関連づけながら書いていきます。黒板の右から左に向かって，Ａの議論がＢを生み，Ｂの議論がＣを生むというように，思考を深化・洗練して，ねらいに向かって徐々に肉薄していくプロセスが表現できる最も基本的な板書形式です。

一方，「構造」的な板書では，生徒の見方や考え方の共通点を近くに書いたり，相違点を対比的に書いたりします。あるいは，それらの議論が派生・発展するときの根拠や道筋，さらには導き出された結論をその周辺に書く等，様々な構想や工夫が考えられるでしょう。要するに，黒板全体として，ＡとＢとＣの議論からＤが生まれたり，Ａの議論からＢとＣが生まれ，そのＢとＣを止揚してＤが生まれたりするといった，道徳的価値の構造やそれを導き出すためのプロセスが「視覚的にわかる」配置を工夫するわけです。

いずれにしても，板書の「かた・ち」という限り，「かた」は鋳型・形式であり，過去の伝統・文化的価値を現在に再現するという側面をもち，他方，「ち」は古典的には「霊・血・乳・風」等の文字があてられ，これと命・力の「チ」を考え合わせれば，生命の根源的エネルギーであるという側面をもっていますから，板書の形式とはいえ，実質的には先達の工夫と知

恵に学びつつ，そこに生き生きと考え議論したプロセスと成果を吹き込まなければなりません。

「時系列」的な板書

　そこで，授業の全体像をつかんでいただくことを前提に，その文脈の中で板書の形式についても触れるという体裁で進めます。

　まずは，「時系列」的な板書の例としての授業『樹齢七千年の杉』を取り上げます。「感動は心の扉をひらく」ことを体感した椋鳩十の随筆であり，どれほどの感動をもって縄文杉に出会わせ得るかが，１つの重要な鍵になると考えました。

　縄文杉の圧倒的な存在感は，①樹齢7000年ともいわれる老木である，②樹高30m，胸高周囲16.4m，根回り43mもある巨木である，③それでいて，杉の葉は青く染まるほどに新鮮で若々しい，④縄文杉には小さな動植物が棲みつき，それ自体で１つの生態系を築いている等，様々な要素が折り重なって生み出されたものです。

　そこで，私自身が屋久島を訪れ，縄文杉と対面した経験の語り聞かせや，その際に撮影した写真やビデオの提示，また10人の生徒が円形に手をつないだり，7000年の数直線上に歴史上の出来事を刻んだりする活動を通して，視覚的・感性的にも，縄文杉とそれを育んだ豊かな自然の紡ぎ出す世界に浸れるように留意しました。

　こうして初めて，大佛次郎の「虫の音，小鳥の歌が美しいのも，人間の方に聞く心の支度があるからである」（『石の言葉』朝日新聞社）という言葉が示す通り，随筆にある「音をたてて燃える」に対して熟慮する準備が整ったのであり，威光（オーラ）を放つ縄文杉の崇高さ・神秘性・命の鼓動を感じ受け止められる可能性が高まると考えたのです。

　学習指導略案は，次の通りです。

───────────── **学習指導略案** ─────────────

(1)主題名　縄文杉への畏れ

(2)ねらい　想像を絶する樹齢と大きさを誇りつつ命の火を燃やしている縄文杉を通して，人知を超えた自然の神秘・驚異に対して畏れ感嘆する道徳的心情を育む。

(3)教材名　「樹齢七千年の杉」

(4)教材の概要と活用のポイント

　大自然の奥深さを象徴する不思議なる存在・縄文杉は，ほうほうと命の火を燃やして今を生きている。この老巨木の他を寄せつけぬ圧倒的な素晴らしさ・荘厳さを味わいながら，それが何からの発露によるのかに肉薄させたい。

(5)展開の大要

	学習活動・主な発問	予想される子どもの反応	指導上の留意点
導入	☆屋久島の豊かな自然の紹介 ・九州最高峰・宮之浦岳1936m ・亜熱帯地域かつ洋上のアルプス ・「月のうち35日は雨」(『浮雲』) ・白谷雲水峡，千尋の滝，等々	・縄文杉のみが注目されがちだが，その前提として，それを育んだ屋久島全体の変化に富む豊かな自然環境を意識する	・屋久島の地図や白谷雲水峡等の写真を提示しながら，3分以内で説明する
展開	☆教材の範読 (縄文杉の写真提示)	・途中の道程で撮った数枚の写真を提示し，イメージをふくらませながら，物語に耳を傾ける	
	①椋さんは，縄文杉にたどりつくまでの間，何を考えながら歩いていただろうか 【価値認識】	・豊かな自然の素晴らしさ ・この感動に浸っていたい ・縄文杉に早く会いたい	・翁杉，ウィルソン株，大王杉，夫婦杉等の写真も提示する
	☆ビデオ視聴：2分間の動画視聴から，忽然と眼前に現れる縄文杉の威風を感じ取る		
	②樹高30m・根回り43m・胸高周囲16.4mという大きさ，7000年という歳月を想像しよう 【価値認識・自己認識】	A：16.4mを，男子10人で手をつなぎ実感させる B：7000年の数直線上に示した歴史上の出来事がつい最近起きたというイメージをもたせる	
	③椋さんは，「七千年の命が，音たてて燃えているわ」とつぶやいているが，"音をたてて燃える"縄文杉に備わっているものは何か 【価値認識】	・人知を超えた若々しいまでの生命力をみなぎらせているその存在感（命の息吹） ・人々を圧倒するほどの驚異的な大きさと樹齢	・多様な意見を出させて，椋鳩十氏が受けた大きな感動の中身に迫る
	④縄文杉の前でインタビューすると，「縄文杉を見に来た」ではなく，「会いに来た」と表現する人が多い。これは，なぜだろうか 【自己認識・価値認識】	・縄文杉を貴重かつ偉大な生命として捉えたから ・尊崇の念を抱いたから ・人間の存在が小さく感じる ・縄文杉の荘厳さ，神々しさ	・縄文杉への畏敬の念が，人々の間に芽生えていることを感じ取らせたい
終末	☆担任の自然体験と畏敬の念についても語り，感想を書く	・縄文杉及びグランドキャニオンを訪れたときの身の引き締まった思いを，写真提示とともに伝えた	

(6)評価の視点と方法

①視点： a　縄文杉の荘厳さや畏れについて，多面的・多角的に追究し把握している

　　　　 b　人間としての自己の存在の有限性を自覚しながら，人知を超えた自然の荘厳さを素直に畏れ感動している

②方法：縄文杉の大きさと樹齢を体感させたときの発言やワークシートの記述から見取る

　この授業の板書は，次のページの通りです。

　まず，授業の導入で，九州地方の最高峰・宮之浦岳のイメージ図を一本の線で表現しながら，それに心情曲線の役割も兼ねさせ，世界自然遺産の屋久島について簡潔に説明しました。続いて，範読しながら，屋久島で撮影してきた写真を提示しました。

　発問①は，険しい山道を登る苦しさよりも，むしろ椋鳩十の深い感動に共感させることを大切にしたものです。授業では，整備された登山道でさえ片道5時間の道程であるとの厳しさは

強調せず，途中にある自然豊かな様々な名所についての短い解説を加えながら，私自身の感動も伝えました。その結果，屋久島の自然に対する肯定的な意見が数多く発表されました。

　また，ビデオや写真の提示については，霧雨の中から幻想的に浮かび上がる縄文杉をカメラに収めていたため，より神秘的な印象を与えることができました。また，発問②は生徒10人が手をつなぐ場面でしたが，縄文杉がどれほどの巨木かに感嘆していましたし，根回りに至っては教室程度にもなることを伝えると驚嘆の声を上げる生徒までいました。

　教材の描く世界を鮮やかに彩るこうした工夫が，発問③に対する「生命力」「命の息吹」「迫力・存在感」「神々しさ」「偉大さ」といった意見として結実しました。そして，それらを踏まえつつ，発問④を投げかけました。発問④は，縄文杉の前でやってきた観光客にインタビューした２分ほどの映像とともに行いましたが，「縄文杉がそこにいるという事実に圧倒されたから」「神や精霊が宿っているようで，敬ったり畏れを感じたりしたから」等，ねらいに肉薄する受け止め方ができました。なお，別の学級では，発問④の代案として，「大自然の奥深さ，素晴らしさを感じた具体例を挙げよう。また，それを取り上げた理由は何だろう」という発問を準備しました。これは，生徒たちが中学１年で鉢伏高原，２年で富士登山，３年で乗鞍高原への宿泊行事を経験し，また，各学年の春・秋の遠足でも自然体験活動に取り組んでいることを踏まえて，大自然に感動した豊かな経験を多様に語れるとの確信から投げかけたものです。実際，その授業では３人の生徒が語ってくれましたが，いずれも息の長い物語風の発表となり，学級全体が興味津々に聴き入っていました。

　授業の終末には，学生時代に訪れたグランドキャニオンの写真を投影し，眼前に広がる20億年のときが刻まれた赤茶けた渓谷と小さな人間とのコントラストについて語りました。また，生徒に感想も書かせましたが，「大自然の雄大さ」「ちっぽけな人間」「美しい生き方・生命力」「自然の恐ろしさ・人間の敵わない威力」「神々しい自然・崇拝の対象」とともに，それを自己の生き方に結びつける「くじけずにしっかり生きる」「芯のある生き方」「存在感のある人生」等への憧憬も浮かび上がってきました。さらに，「神秘性」「大自然の圧倒的な力」「言葉にできない迫力」等，縄文杉に関わっての感想が目立つとともに，「縄文杉の生命力の大きさ」「存在の不思議さ」といった精神世界にまで踏み込んだ意見も見られました。

この深まりは，自然の驚異，命の力みなぎる象徴としての縄文杉に対して「自分は何を想い，どう向き合うか」という共通の土俵から考えたことで，鋭く重層的な見方や観点を共有・追究することに結びつけたからだろうと思います。

　さて，この板書では，大略，授業における発問の順番に，そして授業展開の時間経過に沿いながら右から左へと書き昇っています。これが「時系列」的な板書の典型です。遠藤周作氏は，夫婦で浜辺を歩きながら「砂浜の道はつらいけれども，確実に足跡が残っていく。それに比べてアスファルトの道は，歩くのは容易だが足跡は残らない……」とつぶやき，自身の作家人生を砂浜の道になぞらえましたが，まさに「時系列」的な板書も，黒板の右から左へと一歩一歩刻んで，考え議論した足跡を残したものといえるでしょう。

　なお，「時系列」的というのは，黒板全体の枠組という側面から捉えたものですから，板書写真を見るとわかる通り，実際にはその中で，心情曲線や樹齢の数直線を活用しているわけです。その心情曲線は，登山道の高度が増すにつれて，縄文杉への想いも増していくという真実が重なっていることを象徴していますし，教材名にある七千年という年月の重みを視覚的・感覚的に理解することも促す役割を果たしています。

　また，屋久島の自然やグランドキャニオンの写真なども貼って，生徒の感性に訴える工夫も凝らしました。

　特に，ねらいに肉薄する上で重要な縄文杉などの写真に関しては，全体への提示用として，迫力が伝わるような大きな写真（スクリーンへの映写でもよい）を用意しました。

　しかし，写真や映像の提示は一過性になるため，その写真をイメージとして想起しやすくするため，黒板貼付用として，場所をとらない縮刷版の写真も準備しました。

　このように，実際の授業においては，板書写真だけではわかりづらいいくつかの配慮がされていますが，その配慮の痕跡を板書に残すことで，生徒はより深い思考を巡らせる手がかりとして活用することができるように思います。

「構造」的な板書

　次に，「構造」的な板書の例として，授業「二わのことり」を見ておきたいと思います。ここでも，授業全体の姿と板書とは切り離せない関係にあるという前提のもと，授業の流れをお伝えしながら，板書の要点について触れてみます。

　「二わのことり」は定番教材で，文部省が昭和39年から３か年にわたって編集刊行した『小学校　道徳の指導資料』では，Ⅱ－１－17「二羽の小鳥」として児童文学作家・久保喬の原文により近い形で掲載されています。

　中学校の先生にはなじみが薄いかもしれませんので，あらすじに触れておきますと，「やまがらは自分の誕生日会に小鳥たちを呼んでいたが，その日はうぐいすの家で音楽会の練習もあ

り，小鳥たちは明るくきれいなうぐいすの家へ飛んでいく。楽しく歌を歌い，ごちそうも食べ，こっちへきてよかったね，と言い合っている。しかし，みそさざいは，歌っていてもごちそうを食べていても楽しくはなく，うぐいすの家をこっそり（教材によっては"そっと"の表現も）抜け出して誕生日会へ行くと，やまがらは涙を浮かべて喜んだ」という話です。

　小学校の実践では，「抜け出した」理由は問うても，「こっそり」抜け出した理由までは深入りしません。

　しかし，中学校の場合には，対象生徒の発達の段階や心の実態，さらには教材の特徴に鑑みて，副詞「こっそり」を避けて通るわけにはいきません。

　むしろ，「こっそり」について徹底的に考え議論し尽くすことで，中学生としての友情の条件，友情観を新たに掘り起こすことができるはずです。

　そこで，授業展開の早い段階から「あなたは，みそさざいの"こっそり"を支持するか」について，判断し議論する授業展開を目指しました。

　みそさざいの真意や生き方と向き合うことで，真の友情・信頼を築いていく今後の縁となるならば，中学生にとっても深い意味をもつ発問として位置づくでしょう。

　学習指導略案は，以下の通りです。

――――――――――――――――　学習指導略案　――――――――――――――――

(1)主題名　苦境に結ぶ友情
(2)ねらい　こっそり抜け出した場面を通してみそさざいの真情に気づき，親友の幸せを願いながら責任をもって決断するための道徳的判断力を育む。
(3)教材名　「二わのことり」
(4)活用のポイント

　副詞「こっそり」の是非について立場表明をし，その理由・根拠に対する議論を行い，みそさざいの真意や生き方を直視させる。

　そして，そのことを通じて，自由と責任ある行為を大切にして，真の友情・信頼を築いていく縁としたい。
(5)展開の大要

	学習活動・主な発問	予想される子どもの反応	指導上の留意点
導入	☆友達・親友の人数に関するアンケート結果を発表する	・親友が10人以上の人が多い ・部活や趣味が同じ友達が多い	・アンケート結果を端的に説明し，簡潔に感想を聞く
展開	☆教材の範読 ①なぜ，みそさざいは，他の選択肢を選ばずに「こっそり」出たのだろうか　【価値認識】	・練習の雰囲気を壊さないように ・やまがらの気持ちを考えると，居ても立っても居られない ・落ち着いてゆっくりとお祝いしたい	・「こっそり出る」以外の選択肢をいくつか挙げさせておく

展開	② 「こっそり出た」ことを，あなたは支持するか また，その理由は何か 【価値認識・自己認識】	《支持する》 ・自主的に判断して行うものである ・無理に大人数で訪れても，やまがらは嬉しくないはず　　　　等	・1回目の判断・理由づけを行う ・宿泊訓練でのディベート経験も生かしながら行う
	③ 「支持・不支持」の理由への質疑応答を行って，自己の考えをより一層深く納得できるものにしよう 【価値認識・自己認識】	《支持しない》 ・一言ことわらないと他の小鳥に失礼 ・みんなも一緒に行くよう誘ってみるのが友達である　　　　等	・ただし立場変更可 ・ペア学習を行うのも一案である
		※対立軸や共通の根拠等に着目し，議論を深めていく	
	④ 「ひとりでお祝いに行く」と「みんなを誘って多人数でお祝いに行く」とでは，どちらを支持するか また，その理由は何か 【価値認識・自己認識】	《論点の焦点化の例》 A：みんなを誘うことの是非 B：多人数は楽しいか C：みそさざいの責任とは何か D：どんな誕生日会が素敵か E：やまがらの家に行くのは同情？ F：今後のみそさざいと他の鳥との関係にひびは入らないのか	・2回目の判断・理由づけとともに，論点を焦点化 ・論点Bを重要視し，関連する生徒発言を捉えて，発問⑤へ進みたい
	⑤ 今日の議論を通して，あなたは，「真の友情」にはどのような関係・側面が必要だと思うか 【自己展望】	・流されずに自分の考えを貫ける関係 ・必要とされるときにこそ力になれる側面 ・形だけでなく，人数でもなく，本当に相手の幸せを考えて行動できる関係	・ワークシートに記述させ，授業後に回収して評価の一助とする
終末	☆指導者の講話	○ 「こっそり」出ることはみそさざいの自由であるが，同時にどのような責任が伴うのかを問題提起したい	

(6)評価の視点と方法

①視点： a　「こっそり」に対する是非の根拠を，多様かつ批判的に検討している

　　　　 b　質・量の両面から友情の豊かさを吟味し，真の友情の条件を再構築している

②方法：授業中の発言をメモするとともに，ワークシートを回収して成長の様子を見取る

　この授業の板書は，次のページの通りです。

　およそ愛といわれるものは，危機的状況に瀕したときにこそ，その真価が試されるものです。友情・友愛も愛の1つの形態ですから，「二わのことり」が描く世界，すなわち，誕生日会に招待した小鳥が一羽も来ないという，まさに，やまがらにとっての危機的状況なればこそ，友愛の真偽が浮き彫りにされ，真に強固な絆が結び交わされたといえるでしょう。

　まず導入では，簡単な事前のアンケート調査の結果から，学級・学年における友人は量的には比較的多く，質的には表面的な類似性が高いという傾向を確かめました。

　発問①では，「こっそり出る」以外の考えられる選択肢を問い，黒板中央の下段に示した後，みそさざいがなぜ他の選択肢はとらずに「こっそり出た」のかを考え，ねらいに迫る洗練された議論へのスキャフォールディングを築きました。これは黒板両側の下段に示しています。

その上で，発問②を通して，「こっそり出た」ことへの支持・不支持を表明させ，さらに③の場面では，相互の対立軸や共通項に着目した議論を展開しました。この部分のやりとりは，対比的・対照的に見せるため，黒板の左右に書きとめています。

　③のやりとりで，１回目の立場表明における理由づけの根底に潜む本質的課題を炙り出すことができましたので，それを受けて，２回目の立場表明を求めることにしました。すなわち，「みんなで行く方がやまがらは喜ぶ」等の生徒発言に乗って論点を焦点化し，④「ひとりでお祝いに行く」と「みんなを誘ってお祝いに行く」では，どちらが嬉しいだろうか，と問うたのです。その結果，必然的に「練習後にみんなで来てくれたら十分嬉しい」や「嫌々なら結構」「性格的に，みんなを誘うと無理をしてくれたと負担に思う」等，教材場面に自我関与することとなり，自己判断の立脚点を掘り起こすことができました。ここは，黒板中央の中段に示しています。

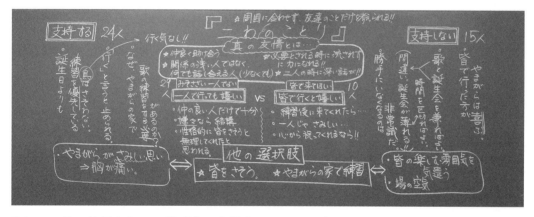

　そして，その結果として，⑤「真の友情」にはどのような関係・側面が必要か，との問いに対して，「必要とされるときに流されずに力になれる」「周囲に合わせず，友達のことだけを考えられる」といった「人生の真実」を見据えたような発言がいくつか発表されましたので，それを最も目立つ黒板中央の上段に示しました。

　なお，この最後の発問に対する生徒の発言は，主題のねらいに肉薄できたかが明らかにされる場面であり，教師にとっては授業展開と実践の是非を確かめる試金石です。同一の指導案で進めたとしても，発問するタイミングの微妙な違いや学級の実態や反応の違い，教師の受け止め方のわずかな違いなどが共振し合って，学級ごとにある程度の「揺れ」が生まれるはずです。しかし，様々な条件の違いによる「揺れ幅」があるという前提で，必ず通過しなければならない関所だけは押さえたいものです。

　本授業では，②と③の場面で，学習指導略案にも例示した，Ａ：みんなを誘うことの是非，Ｂ：多人数は楽しいか，Ｃ：みそさざいの責任とは何か，Ｄ：どんな誕生日会が素敵か，等々の意見・発言を見逃さないようにし，それを発問④での論点整理につないでいくことが重要でしょう。

授業のねらいとの関連で生徒発言を受け止めておけば，授業が主題から大きく外れることは減るだろうと思います。実際，下の写真は，他の学級で行った授業の板書ですが，具体的な一つ一つの発言は前ページの写真とは異なっていますが，最後の発問に対しては「ひとりであっても信念をもって親友のために行動する」などの発言が認められ，ある程度までねらいに迫り得たと考えてよいでしょう。

　本授業は，一言で振り返ると，「道徳的意味としてのつまずき箇所」である副詞「こっそり」を深く掘り下げ，最終的には二段構えで立場表明の機会を設けた授業実践だったと考えられますが，いずれにしても，道徳教材に作者の思いのこもった「宝玉の一語」（副詞等）を発掘し，それを鍵に事実を透して「人生の真実」を個性鮮やかに板書として描き出すことは，道徳科ならでは楽しみといえるでしょう。

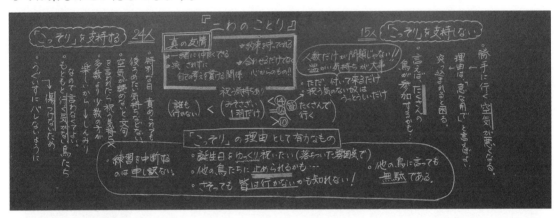

瑞々しい板書

　以上，授業の全体像を捉える中で，「時系列」的及び「構造」的な板書の一例を示してきました。しかし，これは説明のために最も典型的な板書例を示したにすぎず，実際には二者択一ではなく，授業構想に応じて共存・融合する場合も多いものです。例えば，100ページに示した授業「海と空」の板書写真などは，簡略化して表すと次ページの図のようになり，全体としては「時系列」的に右から左へと書き進めているものの，黒板中央部において「構造」的な要素を見て取ることができます。

　具体的には，黒板中央で「海と空とが水平線でひとつになるのを見て，何に想いを馳せたか」を通して，より豊かな価値認識を目指しているわけですが，その前提として，正確な必要最小限の事実認識が不可欠との立場から，「村人が守り抜いたもの」「慰霊祭の意義や意味」「エルトゥールル号の教科書掲載」の三者に対する議論・発表を踏まえています。したがって，単純に発問や説明の順番に従って右から左へ板書するのではなく，「人と人との友情」から「水平線でひとつに」を経て「国と国との友情」を考えるという大きな流れを保持しながらも，

「水平線でひとつに」の議論を底から支える「村人が守ったもの」「慰霊祭」に関する議論や「トルコの教科書」の説明を構造的に配置したのです。

　この事例が示唆するのは，およそ板書とは，物語のストーリーを追ったものではなく，道徳的思考を磨くプロセスを追ったものであるべきだ，ということです。その意味では，「時系列」的な板書と「構造」的な板書のどちらを選ぶか，あるいはその共存型の板書を選ぶにしても，より意を用いるべきは，その形式というよりも，道徳的思考の広がりや深まりの足跡を丁寧かつ誠実な姿勢でともに黒板に残していくという点にこそあるのです。このような教師や学級の基本的な姿勢が板書の「瑞々しさ」，ひいては道徳授業の「瑞々しさ」に通じると思うのです。

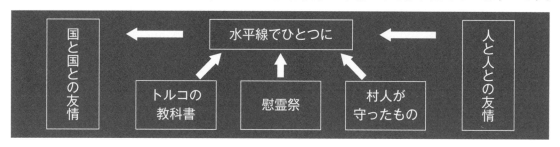

　ところで，板書の「瑞々しさ」とはどのようなものでしょうか。このことについて，少し考えておく必要がありそうです。

　次章以降で紹介する板書を彩る多様な技術や技法，活用法は，「瑞々しい」道徳授業を創造するための糸口であり，手がかりであり，端緒であるといえます。しかし，それを視覚的・技術的に用いるだけなら，「瑞々しいかのような」道徳授業の演出にとどまってしまいます。それは，参観者への技術展示や生徒指導上の必要，あるいは表層的な楽しさの追求等の点では無意味とはいえないまでも，道徳の本質論・目標論からすると，それがそのまま満足のいく授業の実現を意味するわけではありません。

　ここで，加藤常賢の名著『漢字の起原』をひもといてみます。ここでは「瑞」の字義に関して，説文「玉を以て信と為す」を紹介しつつ，「誠信を表示する符としての玉」の意とあります。

　「誠信」は「誠実，信実」のことであり，さらに「誠実」とは"真心があって真面目なこと"，「信実」とは"真面目で偽りのないこと"ですから，結局のところ，真面目な姿勢・態度こそが「誠信」の根底を成しているといえるでしょう。すなわちこれは，「瑞々しい」の源流をたどれば，"真面目さ"に行きつくということにほかなりません。

　では，道徳の板書において，"真面目さ"はどのように捉えるべきでしょうか。「まじめ」は"マサキシメ（正目）"の義であり，その本質は「真剣な眼差し」にあります。道徳授業の特質に照らせば，必然的に，それは"自己"への真剣な眼差しということになります。もちろん，教材の重要な場面・語句等やそこににじみ出ている道徳的価値，級友や担任の深い考えや熱い思い等に対しても真剣な眼差しを向け，それを「価値認識・自己認識・自己展望」場面におけ

る1つの手がかり・肥やしにする必要はあるでしょう。しかし，最終的にそれらの真剣な眼差しは「いかに来し方を見つめ，いかに行く末を展望するか」という一点に凝集され，"秘かなる決意"という形で結実させたいものです。

　すなわち，道徳の板書における「瑞々しさ」も，こうした生徒の真剣な眼差しの軌跡がどう反映されているかという点にこそ着眼しなければなりません。板書に関わる知識や技能・技術，考え方や活用法などは，それを少しでも容易に実現するための道具・手段というわけです。したがって，板書に関する諸々の技術・技能等を単に用いたかどうかが重要なのではありません。それを道具・手段として有効に活用しながら，いかに生徒が，自我関与しながら多面的・多角的に考え，道徳的価値に対して認識を深め（価値認識），自己を見つめること（自己認識）を経て将来を展望し得たか（自己展望），という点がしっかりと描き出されている板書が望ましいということです。

板書の機能

　それでは，本章の結びとしまして，「瑞々しい」道徳授業や板書づくりを目指しての，板書の機能について整理しておきたいと思います。

　言うまでもありませんが，人間としての自己の生き方を探究し，個性豊かな価値観・人生観を確立するには，誰かの意見に追随するのではなく，誰が何と言おうと，仮に自分以外の級友全員が異なる選択をしようとも，自分には，考えに考え抜いたこの道以外には納得のしようがないという地点に至る必要があります。しかも，その独自の「納得解」は，独善的な信念・信条に陥らないよう，主観性と客観性，特殊性と普遍性等のバランスを保つ必要もあります。つまり，「私はそのような生き方は選択しないけれど，しかし，確かにあなたの言う生き方も筋の通った1つの道だな」と一定数の級友から承認が得られるものでなくてはならないということです。

　そのためには，考え議論するための「広場」を適切な図表とともに提供し，主題のねらいに「方向」を見定めた多面的・多角的な思考を練り鍛えるとともに，常に批判的に吟味したり，論点を整理し焦点化したりしながら，自己の考えや想いを活性化させていくその思考プロセスを「足跡」として明瞭に書き記すことが極めて大切です。また，授業を終えた後には，自分のイメージしていた授業・板書像に「反射」させて自己評価し，今後の授業に向けての新たな示唆を得ることも重要ですし，板書の設計段階で新しい発問の可能性・必要性・必然性に思い至って授業を「再築」し直すことも，「瑞々しい」授業の実現に向けた必須条件です。

　以上の内容を，次ページの表で整理した「広場」「方向」「足跡」「反射」「再築」が，私の考える板書の中心的な機能です。この5つの機能について，具体例を挙げて若干の説明を加えてみます。なお，これらの機能は，常に5つがセットになって働くとは限りませんので，授業や

教材の特徴に応じて取捨選択するといったことも十分に考慮すべきですし，授業者の創造性に基づいて５つの機能を柔軟に活用することこそが肝要です。

板書の機能	①「広場」機能	考え議論するためのスタート地点や場，道具や方法を提供する
	②「方向」機能	主題のねらいに向かうキーワードを選び，整理し，論点を焦点化する
	③「足跡」機能	批判的・協働的に練り鍛えた思考の過程と結果を明瞭に残す
	④「反射」機能	自分の授業・板書像に照らして自己評価し，成果と課題を得る
	⑤「再築」機能	新しい発問の可能性・必要性・必然性を吟味し，授業を再構成する

例えば，「木箱の中の鉛筆たち」という教材がありますが，そのあらすじは，「作家としての才能に疑問を抱いた神津カンナ氏は，ある日，作曲家の父から何百本もの短い鉛筆を見せてもらい，言葉を失う。今でも壁にぶつかったときには，あの鉛筆たちと"才能を作りなさい"という父の言葉が頭によみがえり，自分は勇気づけられている」というものです。

授業のねらいは，「何百本もの鉛筆が短くなるまで努力しようとする姿を通して，その努力を継続するために必要な諸要素を理解し，くじけそうな場面でも努力し続けて，自分らしさを開花させようとする道徳的心情を育てる」であり，主な発問としては，
①父がすらすらと作曲している姿を見て，カンナさんは何を考えたのだろうか
②カンナさんは，自分のどのような点を恥ずかしく思ったのだろうか
③「こうやって才能を作りなさい」とあるが，どうやってつくればよいのだろうか
④なぜ，鉛筆や父の言葉で勇気を得られるのか（なぜ，私には無理だとは考えないのか）
⑤才能をつくるための努力をし続ける難しさは，どのような点にあるのだろうか
⑥あなたがその難しさを克服するために大切にしておきたいことは何か
を用意しました。

下の図は，その板書計画です。

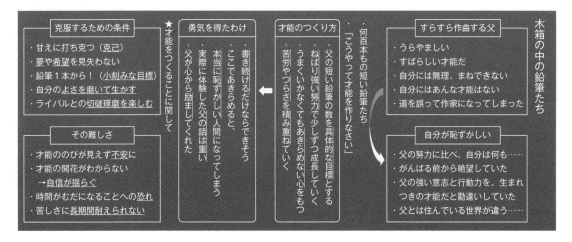

本教材では，鉛筆ですらすらと音符を書いていく父をうらやましく思う場面と，並々ならぬ苦労を重ねた真実を目の当たりにして恥ずかしく思う場面とが対照的で，印象に残ります。この点について発問①と②で考え，議論へ向かう出発点としての「広場」を提供しています。

　次に，恥ずかしさの中身を基にして，「短い鉛筆」と「父からの一言」が作家としての才能を形づくっていくときの礎となり得た理由を，引き続き板書の「広場」機能を働かせつつ，発問③「才能のつくり方」を通して深く探求したいと考えました。

　ところで，指導案の原案をつくる段階では，黒板中央の「才能のつくり方」を問うた後，すぐに発問⑤「才能をつくるために努力し続けることの難しさ」と⑥「それを克服するための条件」とを問うことにしていました。この発問そのものは，授業のねらいとも密接に結びついており，また，他の基本発問の積み重ねの上に成り立つもので，板書も「自分らしさの開花」という「方向」を見据えて組み立てられています。

　しかし，原案に則った板書を具体的にイメージしてみると，発問①〜③と⑤⑥との間に距離感を覚えたのです。この感覚をあえて表現すれば，発問③は，やや客観的・分析的に考えることができそうな場面であるのに対し，発問⑤⑥は，我が事として主観的・総合的に考えて具体的な着眼点を見出す要素の強い場面だ，ということでしょう。

　そこで，こう考えることにしました。才能のつくり方を父の姿に学び，カンナさんは勇気を得ていますが，一方で，同じ場面に遭遇しても，「私には無理だ」と諦める人間もいるだろう，と。そして，これに関わる発問として④を両者の間に置いたのです。これが，「再築」機能を生かした板書計画の一例といえます。

　実際の授業においても，おおよそ板書計画の通りに展開し，黒板全体に思考の「足跡」，すなわち学級および個々で考え議論したプロセスが明示されました。とりわけ，上下に対照的に板書したり，矢印で思考の流れ・授業展開を意識づけたりすることで，「足跡」の輪郭は鮮明になります。もちろん，輪郭だけでなく，考え議論した内実が重要なのは自明ですが，主題のねらいに対する各発問の位置づけが明瞭になれば，各発問同士の関連が教師や生徒にとって可視化され，その意義は大きいだろうと思います。同時に，整理された板書は，授業中に生徒が考え議論し，道徳的思考を深めていく場面でも効果を発揮するでしょう。また，上述の通り，発問と生徒の反応予想を視覚的に整理してみて初めて，発問と発問との間が一足飛びになっており，その間にもう1つ発問を挿入すべきだと気づくこともあります。

　授業後には，板書写真を通して，授業のねらいや評価の視点に照らして，板書の記述内容を自己評価します。また，場合によっては，「反射」機能を同僚と相互評価し合うことで活用し，より刺激の大きい示唆に富む成果や課題を手にすることもできるでしょう。

　このように，練られた発問からわかりやすい板書計画が生まれて，それが充実の生徒発言を促すという面と，視覚化された板書計画からより優れた発問が考案されるという面とが，両々あいまって，豊かで瑞々しい道徳科授業が創発されるのです。

2章

確実な学びに導く
中学校道徳板書のスタンダード

板書の基本〜矢印とネームプレート〜

　確実な学びに導く板書のスタンダードとして，私はまず，矢印とネームプレートの使用について押さえておきたいと思います。どちらも，若手の先生にとって簡単に用いることができますし，しかも，創意工夫によって多様に生かせる奥深さもあわせもっています。この2つを道徳科の本質に照らして適切かつ創造的に活用することで，まずは生徒と一緒に楽しい道徳授業を生み出しましょう。

矢印の意義

　矢印には様々な種類があり，私がよく用いるものだけでも，今からお話しする「単独」「双方向」「循環」型のものや，次章で扱う「直列」「並列」「分岐」「合流」型のものが考えられます。いずれの矢印の場合でも，矢印の意味を一言説明し，教師はもちろん，学級全体としても各授業場面・発問のつながりを意識し共有することで，一つ一つの生徒発言を関連・深化させていくための新しい「広場」づくりや「方向」づけの役割を果たし，板書の全体としては思考の「足跡」の輪郭線を示す意味ももちます。

　また，一般に矢印には「向き」と「大きさ」がありますので，道徳授業においても，それを意識した活用を心がけます。

　まず，「向き」に関しては，始点と終点を共通理解しておくことで明瞭になります。始点としては，直前のやりとりにおいて考え気づいたことや疑問として残ったこと等を挙げることができ，これをねらいに向かってより深く考える手がかり・材料にするということです。その際，議論が這い回らないよう，終点を共有しておくのです。始点に当たる生徒発言を基にして，どの方向に向かって考えや議論を巡らせるのかを明確にするわけです。

　次に，矢印の「大きさ」ですが，これは言い換えますと矢印の中に何が詰まっているかということです。すなわち，大抵の場合，矢印の始点と終点に板書された事柄というものは考え議論した結果ですから，その2点の連絡線上にある思考の内容や過程は黒板のどこにも示されていないわけです。しかし，ややもすると軽視されがちな，なぜそう考えたのかというプロセスを語り合うことは，その結論に共感・共振するにせよ，反発・異化するにせよ，自我関与して自省・内省する上で重要です。したがって，時間的な制約はありますが，ときには矢印の「大きさ」の思考過程についても黒板に書きとめ授業を豊かにしていきたいものです。

「双方向」の矢印

　「双方向」の矢印は，一見無関係なものを結びつけて共通点を見出したり，正反対の意見に着眼して議論を焦点化したりする等，価値認識や自己認識を追究する切り口にもなります。

　例えば，下は「バスと赤ちゃん」の板書ですが，授業前半では，運転手・母親・乗客の三者を頂点とする思いやりの三角形を骨格にして，具体的な内容を肉づけしつつ，生徒の素朴な疑問や意見を出し合って批判的に議論し，①「母親が降りようとした理由」，②「運転手が母親に声かけしたのは親切か」，③「あなたなら，運転手にアナウンスされたらどう感じるか」，④「あなたなら，拍手がやんだ後の静けさの中でどんな気持ちになるか」という論点を導きました。

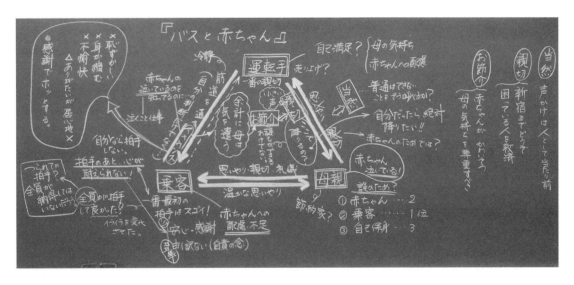

　授業後半では，三角形の頂点から相互に矢印を出し合って，その気持ちや意図，疑問点等について吟味しています。双方向の矢印の表現方法として「⇔」を用いることも多いのですが，ここでは逆向きの矢印を切り分けて，個々に議論する必要がありましたので，「⇄」で表現しています。全体としてやや煩雑な板書となりましたが，もし，矢印を用いずに，授業のやりとりを発言順に右から左へと羅列した場面を想像すると，それに比べれば，一つ一つの発言の位置づけや授業の全体像がはるかに鮮明であり，ひいては主題のねらいに肉薄することも比較的容易になったのではないでしょうか。

　実際，最後の発問⑤「あなたなら，どの登場人物のどの場面では異なる選択をするか」で自己展望を問いましたが，母親の降車場面で「はい，そうです」「黙って笑顔で頷く」という生徒が全体の25％程度いたという興味深い結果も得られています。また，「どんな人生・人間を自分は目指すのかを考えるよい機会だった。説得力のある生き方や正しい道は人の数だけある

と知った」との感想は，道徳科の特質に沿った授業だったことを物語っています。

　このように，「双方向」の矢印によって，三者相互の思いやりの実質を見つめ整理していくことで，それがさらなる議論への扉を開く鍵となり得たのです。しかし，もう1つ忘れてはならない押さえどころは，矢印の始点と終点を黒板のどこに配置するのかという点です。本授業の場合も，「双方向」の矢印と登場人物三者を三角形状に記したこととが両々あいまって，初めて議論の「広場」が確保され，思考の「軌跡」が描き出され，その議論を深め整理する途次で，自分らしい人生の澪標を得られたということでしょう。

「循環」の矢印

　「循環」の矢印については，複数の矢印で円弧を描きながら，道徳的価値に裏打ちされた一定の想いや意志が巡り受け渡されていくことを象徴的に描く場面等で用いることができます。

　例えば，下は「一枚のはがき」の板書ですが，この題名には，叔父から届いたはがきと「わたし」が出さなかった礼状の二重の意味が重なり合っています。そこで第一に，大歓迎してくれた叔父の人間性をより浮き彫りにするため，届いたはがきにあったやわらかな表現「のんき」に着眼しました。第二に，自主的・積極的に礼状を書くための促進条件を探究するため，叔父から「『わたし』が学んだこと」を通して迫ろうとしました。第三に，「礼儀がなくなると，どのような社会になるか」への議論を経て，叔父への返信の手紙やはがきを書くという想定のもと，その中身について熟慮黙考し，具体的に文章表現させました。

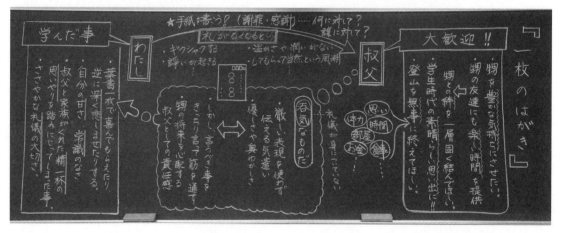

　板書では，授業の核心や主題の輪郭を浮き彫りにする道筋を，構造的・象徴的に表現することを心がけました。そこで，「一枚のはがき」の略図を黒板の中心に描き，それを巡って道徳的思考を凝集させることにしました。具体的には，叔父や家族の想いや願いを黒板右側に示し，それを出発点に，叔父の人柄を踏まえ，叔父から「わたし」への左向きの矢印として示しました。次に，黒板左側で，たった一枚のはがきのもつ重みについて「自己認識」を深め，今度は

そこを起点に，「わたし」から叔父への右向きの矢印として，礼儀の意義を押さえたわけです。完成した板書では，「循環」の矢印によって，はがきの意義や意味の1つとなり得る「心の循環」が視覚的に把握できる形になっています。なお，「循環」の矢印の場合は双方向の矢印とは異なり，中央部にスペースができますので，ここに何を書き記すのかも大いに工夫し計画しておくべきでしょう。

ネームプレートの意義

「ネームプレート」も矢印と並んで，活用が容易で，奥深い可能性を秘めています。なお，ここではネームプレートと表現しますが，「出席番号カード」「心情円盤」「付箋紙」「挙手」等の代表と考えてください。また，1人1台端末の時代においては，ネームプレートを黒板に貼りに来る時間を削減して，直接iPadで意思表示したものを瞬時に表示することも増えてきますが，これについても，ここではネームプレートに含めておこうと思います。

さて，ネームプレートの意義ですが，自分の立場を表明することがその最たるものです。立場表明すれば，それと連動して理由・根拠を考えることになりますし，さらに，その根拠を批判的に吟味し，多様な意見や考えを整理し，論点を焦点化しながら，教室の議論も深まっていきます。必然的に，自己の思索をより練り鍛えて洗練させていくことに通じます。

もちろん，立場表明の後に理由・根拠を考えさせるという順序では，理由・根拠が表面的になったり，後づけになったりする心配がある場合は，はじめに，道徳的価値が伴う場面・世界に対する自分の感じ方や考え方を十分に深め，その感じ方や考え方の根本にある基準・根拠を明確にしてから，その後に立場表明へ進ませるという配慮も必要でしょう。

このネームプレートによる立場表明は，思考の「広場」を提供することで，より主体的・対話的に議論を展開する出発点に立たせるものです。それは一面において，学級全体の中の自己の立ち位置（それは自由に変更してよい）に対しても自我関与し，自己認識を深めて「自己発見」をもたらすことに通じますし，他面においては，立場は同じでも理由・根拠が異なっていたり，逆に，立場は異なるのに理由・根拠は類似していたりする級友に，多様な「他者発見」をする，ということにも通じます。

なお，本章と3章のいくつかの板書写真でも示したとおり，このネームプレートは単独で用いるというより，「数直線」「マトリクス図」「座標平面」等の図表と併用することが一般的です。

いずれにしても，ネームプレートの使用そのものを目的化せず，自我関与して議論するための手段・道具として活用するところに，道徳的価値の自覚に向けた通路は開かれます。個人・集団として垂直的・水平的に豊かになった見方を自分らしく昇華させ，人間としての自己の生き方を拡充・展望する契機としたいと思うのです。

授業の流れを捉える

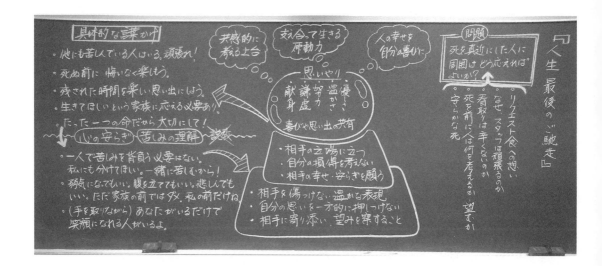

「授業の流れを捉える」板書のポイント

Point 1　発問相互の関連を考える

　本授業は，青山ゆみこ氏の『人生最後のご馳走』及びNHKの道徳番組『オン・マイ・ウェイ』で「人を思いやるには何が必要なんだろう？」として放送された視聴覚教材を使用して行ったものであり，「人生最後のご馳走」を提供するホスピススタッフの献身を描いたものです。

　授業のねらいと発問は，以下の通りです。

ねらい：終末医療を受ける患者の訴え・叫びに対する具体的な言葉かけを通して，その背景にある「身を低くして寄り添う」ことの意味をより熟慮するための道徳的判断力を育む。

発　問：(1)この話を通して，どんな問題について考えたいか。

　　　　(2)なぜ思いやりは大切か。どうすれば思いは伝わるか。

　　　　(3)絶望の思いを抱く患者に，あなたはどんな言葉をかけるか。

　　　　(4)あなたの考えた言葉かけについて，級友の意見や感想を基に再考し，よりよい言葉かけとしよう。

(5)思いやりを実現する上で，大切にしたいことは何か。

　まず，発問(1)は，解決すべき問題を導き出す過程に当たり，授業のプロローグ的な側面と考えられます。その意味では，(2)以降の発問から独立させることも可能です。

　続いて，発問(2)は，とりわけ人生の最期を迎えようとする人への思いやりの意義や，それを表現するために必要なことを考えさせるもので，初発の意見・感想を出し合う場面です。

　発問(3)は，発問(2)を前提にした具体的な言葉かけを考える場面であり，さらに，発問(4)では，級友の多面的・多角的な意見・感想を吟味して取捨選択し，より一層深い意味で患者に寄り添うための具体的な言葉かけや態度を考えます。したがって，(3)と(4)とは，「考え，議論する」ことの前後における変容を捉えることもできる場面で，近接させ板書したいわけです。

　発問(5)は，発問(4)の具体的な言葉かけ・行為の背景にある道徳的価値に光を当てるものであり，同時に，発問(2)を普遍化した問いかけであり，授業全体を通してどの程度の深まりが見られるのか，その真価が問われる場面です。発問(2)と(5)も近接させて板書したいと考えます。

Point2　授業の流れを矢印で表現する

　以上の発問相互の関連を踏まえますと，発問(1)〜(5)まで１本道で進んでいくことを基本にしてかまいませんが，発問(2)と(5)，発問(3)と(4)をそれぞれ対比・対照的に示すことも重視します。特に，発問(5)は本授業で掘り下げた到達点であり，目立つ位置に書きたいものです。

　そこで，まず発問(1)の場面は，黒板の右側に単独で示すことにしました。また，発問(2)から(3)へ矢印をのばすとともに，発問(3)と(4)の両者を対比・対照的に捉えられるよう，上下に配置しました。さらに，発問(5)についても，発問(2)でのやりとりと対比・対照的に捉えられるように，矢印を循環させてくることにしました。これにより，発問(2)でのやりとりの基盤・深層部として，黒板中央に板書することができました。

Point3　矢印に込めた意味・想いを書き記す

　発問(3)に対する考え方を学級で検討していくと，人生最後のときを過ごす患者に対して，生きる希望や励まし等の寄り添い方は一般的には肯定されても，こうした特殊な状況のもとでは，かえって患者の苦悩を深めかねないとの視点が生まれました。むしろ必要なのは，「心のやすらぎ」や「苦しみへの共感」といった私たちの想いではないか，というのです。

　こうした自分の考えを深化させていく視点や方向性を得た上で，次の発問(4)へと移行していくわけですから，黒板には，発問(3)から(4)への矢印の意味として，上述のような学級の想いを明記しました。このように，単純に授業の流れに沿って矢印でつなぐだけでなく，生徒の発言から浮かび上がってくる次なる議論への方向性を捉えて，矢印の意味を視覚化したいものです。

研究協議会の実況中継

※登場人物：明先生（新任，明朗・進取），智先生（中堅，賢智・実践），拓先生（老練，開拓・指導）

明先生

　まず，黒板中央の模式図が目に飛び込んできました。ここに，人生の最期を迎えようとしている人にどう向き合えばよいかが詰め込まれています。また，黒板右側には，「問題」が示されており，問題解決的な学習を取り入れた道徳授業の特徴が表れています。さらに，黒板左側では，ホスピス患者への具体的な言葉かけを検討した形跡が見て取れます。

智先生

　今の明先生の指摘を受けて，授業の流れを追ってみましょう。
　まず，発問(1)のやりとりを黒板右側に示し，教材から道徳的な問題を抽出しました。発問(2)では，思いやりに関する価値認識の現状を確かめ，黒板中央部に示しています。患者への具体的な言葉かけについては発問(3)と(4)で議論を深め，さらに，改めて発問(5)で思いやりに関する価値認識の深まりを把握しています。発問(5)の部分は全て黄色で示し，板書位置も発問(2)を底から支えるような形をとって，黒板中央の思いやりの宝玉とその台座を目立たせています。しかし，こうした模式図が生まれたことと裏表の関係にあるのは，やはり各発問による授業場面を矢印で循環型につないでもとの位置に戻るような板書の工夫があったということでしょう。

明先生

　ご指摘，ありがとうございます。ところで，このような問題発見から始まる授業では，発見そのものに時間がかかり，問題解決の時間がなくなってしまわないのですか。

智先生

　この板書を見てもわかる通り，具体的な場面を取り出してはいますが，すでに，道徳的価値へのアプローチは始まっており，決して無駄ではありません。むしろ，授業の展開段階でも，積極的に再活用してほしいものです。
　ただし，だからといって，ここに15分も費やすのは個人的に反対ですね。普通の授業の導入が5分以内であることを考えると，私の考える許容範囲は10分といったところです。

明先生

　生徒の意見の共通項を集約して1つの問題が定まったとして，それが本授業のねらいに迫るには，かなりかけ離れた位置であった場合，どうしたらよいでしょう。

智先生

　生徒が額に汗して考えてみたいと思う問題の背景には，大切な道徳的価値が含まれており，ねらいとも一定の距離感で結びついているはずです。当然，その価値について議論を展開する中で，ねらいに肉薄できると思います。ただ，一般的な授業展開との比較については，常に考えておく必要があります。問題解決的な学習により，かえってねらいに迫りづらくなったのか，それとも一層深く迫り得たのかを，きっちり検証し蓄積していくことが大切です。

明先生

ありがとうございました。拓先生からも一言お願いできますか。

拓先生

　道徳教育に係る評価等の在り方に関する専門家会議の「『特別の教科　道徳』の指導方法・評価等について（報告）」で，質の高い多様な指導方法として「問題解決的な学習」も例示されています。

　例えば，道に迷った人を親切に援助したり，あるいは親友の成長を願い信じてその非を指摘したりするといっても，時処位に応じた具体的な判断の仕方を指導しなければ，かえって危険や混乱を招くこともあり，実践への手がかりをつかむこともできません。

　こうした場面では，生活環境や心の実態に即して，「こんな場合に君たちはどのような対応をするか」と問い，さらに「その他に何ができるか」「なぜそう思うか」「その結果どうなるか」と追求し，生徒の判断を確かめながら授業を展開する必要があるでしょう。ただし，道徳科における「問題解決的な学習」では，具体的な問題を解決した後，改めてその解決の仕方の背景にある道徳的価値にスポットを当てることが必要です。本授業では，その点をクリアするとともに，矢印を循環型に配置することで視覚化もできています。

明先生

　その他，実際の授業を参観されてのご意見・ご感想をつけ加えていただけますか。

拓先生

　患者の在院期間は平均３週間であり，「なぜ自分だけ苦しむのか」「何を支えに生きればよいか」「もう死ぬから頑張りたくない」等の苦悶の訴えもあるといいますが，発問(3)では，患者の心の琴線に触れ得ない意見が多数ありました。しかし，それを糧とした発問(4)の議論を通して，級友の多様な見方や考え方と，素直だが一面的な自己の思いとを止揚し，多面的・多角的な視点から考えを再構築して，より道徳的価値の自覚を深める契機にすることができました。

　このとき，発問(3)と(4)のやりとりを黒板上で近接させたことは，常に比較対照しているという意識のもとで考え議論することを後押ししたと思います。実際，「望みをもって最期まで頑張って生きてほしい」等の言葉かけに，患者の命や人生を大切にした言葉であることは理解しつつも，「心のやすらぎ」や「苦しみへの共感的理解」を念頭に，自分が患者だったら「この期に及んで頑張る必要があるのか」「健康な人の感覚で軽率に励まされて嫌」「末期患者には虚しく聞こえるだけ」と思う，との深い意見も出ていました。このような問題解決的な展開の結果，最後の発問(5)に対する発言は，「深く相手を思った言葉でも，本当に傷つけないかを慎重に考える」「自分の思いを一方的に押しつけない」等，場面に応じた熟慮の必要性を捉えたものとなり，発問(2)での発言「相手の立場に立つこと」「自分の損得を考えないこと」「相手の幸せを強く願うこと」等とは質を異にしたものになりました。

比較対照で多面的・多角的に価値認識する

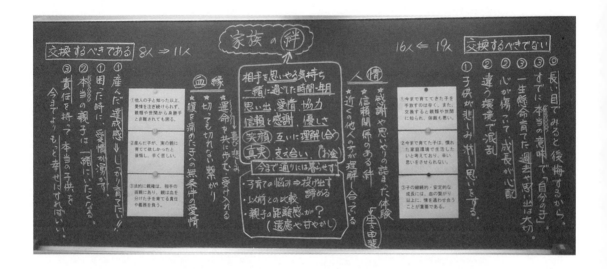

「比較対照で多面的・多角的に価値認識する」板書のポイント

Point 1　発問相互の関連を考える

　本授業は，自作教材「家族の絆」（『考える道徳を創る　中学校　新モラルジレンマ教材と授業展開』荒木紀幸編著，明治図書，2017年）及び新聞記事「出生取り違え60年　男性『時間を戻して』」（産経新聞2013年11月28日）を使用して行ったものであり，小学２年生のときに赤ちゃんの取り違えが判明した家族の苦悩と葛藤を描いたものです。授業のねらいと発問は，以下の通りです。

ねらい：家族の団結・紐帯に関わる理由・根拠への議論を通して，より深く結びついた家族・
　　　　家庭を築くための道徳的判断力を養う。

発　問：(1)子どもを交換するべきか，するべきでないか。その理由は何か。

　　　　(2)それぞれの理由に対する意見や感想を述べ，比較対照して論点を導こう。

　　　　(3)〔一例〕本当の親子関係とは，「血と情」のいずれに依拠すると考えるか。

　　　　(4)混乱のない幸せな成長のためには何が必要か。改めて，子どもは交換するべきか。

最初の発問(1)から立場表明し，その理由・根拠を提示する形をとっています。したがって，本授業は全面にわたって，2つの対立・葛藤する立場から議論しており，「自己認識」から「価値認識」を経て「自己展望」へと授業展開しています。そこで，板書においても，子どもの交換に対する2つの立場が主張する理由・根拠を左右に分けて示すことを基本に置きました。なお，本授業では，生徒の意見を集約・整理する時間を議論に回したいとの思いから，発問(1)に関しては，前日の終礼の時間を使って教材を示して回答させています。生徒の考えは，大きく6つに整理して用紙に印刷し，黒板両端から3分の1の辺りに貼りました。そして，発問(2)は，論点を導出するプロセスですので黒板両端に示し，論点を通して主題のねらいに迫っていく発問(3)(4)については，黒板中央に示すという板書構想を描きました。

Point2　判断に基づいた判断力を対比する

　発問(1)に対する生徒の判断は，「交換するべきである」が8人，「交換するべきでない」が19人でしたが，その判断の理由・根拠については，どちらの立場も，主として「①親の心情」「②子どもの心情」「③子どもの成長と責任・義務」の3点に大別できました。

　そこで，発問(2)では，両立場の①〜③の用紙に示された理由・根拠を見比べ，自分と異なる立場の意見には批判する方向から，また自分と同じ立場の意見には補強する方向から，さらなる意見・感想を積み上げ練り合い発表しました。このときの板書としては，①〜③のいずれに関連する意見・感想なのかがわかるように，番号を文頭に添えて示しています。しかも，左右対称の形に示して比較対照しやすくし，論点・対立点を明確にしていきました。

　なお，道徳科では，自分の信じる立場とは無関係に肯定側と否定側に分かれて説得力を競い合う形のディベートはなじみませんので，こうした議論を通じて自分の判断に変更が生じれば，いつでも自由に立場を変えてかまわないというルールを共有しておきましょう。

Point3　黒板中央に考え議論した集大成を示す

　本授業では，発問(3)を論点に取り上げましたが，これは授業の流れで柔軟に絞り込めばよいものです。どのような論点が浮かび上がったとしても，最終的には，家族が温かく固い絆で結ばれる必須条件が浮き彫りにされてくるはずです。本授業の場合は，生徒が考え議論した集大成として，「血の意味や意義は，喜びや悲しみ等の運命を共有し一緒に歩むためのもので，家族の根底に位置づく」及び「情の意味や意義は，感謝や思いやりの詰まった体験が情となり，それが生きがいにもなる」といったことに集約されたということです。

　いずれにしても，正邪美醜が明瞭な「心理葛藤」ではなく，複数の価値や質を異にする価値観が衝突する「価値葛藤」について考え議論した授業では，判断・立場は異なっていても，両者に通底する道徳的価値の多様な断面と本質が立ち上ってくるはずですから，それを対立的・対照的な議論が黒板の左右両側から迫り上がってくる形で黒板中央に示したいものです。

研究協議会の実況中継

明先生　人の人生・運命を決定的に変える二者択一の教材でしたが，初見での判断は，子どもを「交換するべきである」が8人，「交換するべきでない」が19人でした。それが，授業の最終段階では，それぞれ11人と16人へ変化しており，自分らしい価値観・人生観の変容や高まりが見られます。これは，この授業の深さを表していると思いますが，どのような感想をおもちですか。

智先生　今回は，葛藤を機軸に据えたモラルジレンマ授業の実践例ですね。発問(1)は，事前の判断・理由づけであり，その結果を分類してＡ３用紙に印字し，黒板の中央を空けながら，縦に並べて貼っています。この提示は，授業前の生徒の価値認識や自己認識の様相を示していますね。

拓先生　この分類は，コールバーグの三水準六段階に照らしたもので，その根底には「他律→社会律→自律」という流れがあります。事前に判断させている理由は，1時間完結の授業では，仕分け・分類する時間が確保できないからですね。これも授業が深まった1つの要因でしょう。

智先生　発問(2)では，「交換すべき・すべきでない」に関わってそれぞれ3つの理由が見られます。深い思考や納得解へ導く補足説明などを発表し合い，黒板の両端に「対比的」に示してキーワードに傍線を引いています。それを比較対照し，黒板の両端にともに見られる「本当の」という表現に着目して感情と法律，人情と血縁という論点を浮き彫りにした点が参考になります。

拓先生　異なる立場の共通する語句に着目するというのは大切ですね。なお，発問(2)と(3)は，ともに「家族愛」に対する価値認識を深め捉え直すと同時に，家族の血と情に対して自分はどう向き合うのかが厳しく要請される場面でもあり，価値認識と自己認識の両者に関わる発問です。

智先生　その発問(3)で，論点に関する議論を深め，いずれにも心に響く説得力をもった視点が複数内包されていることを捉え，それらの意見を授業冒頭に貼ったＡ３用紙よりも黒板中央側に「対比的」に書いています。また，どちらの立場からも共通に出された「今まで通りには暮らせない」という意見については，黒板中央の下部に書き記しています。

明先生　それは，発問(2)を通じて絞り込んだ論点を発問(3)として考えていく中で，さらに議論が焦点化され，新たな論点・課題が浮かび上がってきたということでしょうか。

１つの論点に固執せず，両立場に共通の課題を柔軟に見出せたわけです。このように，新しい論点・課題を発見して思索することは，道徳的価値，この授業でいえば「家族の絆」の要素や本質について，より多面的・多角的に捉えることを意味しますね。

　すなわち，価値葛藤に直面させ，判断の基壇である「理由づけ」を出発点にして，多様な見方や考え方を導き検討することが極めて重要だということです。
　それは，多面的・多角的に考察することは，中央教育審議会答申「道徳に係る教育課程の改善等について」がいう「今後出会うであろう様々な場面，状況において，道徳的行為を主体的に選択し，実践するための内面的な資質・能力」の醸成へ通じるからです。

　自己展望に関わる発問(4)の前半は，黒板中央の上段に示し，キーワードに下線や丸囲みを施しています。
　さらに，これらのやりとり全体を枠で囲み，家族の「絆」へ矢印を出すことで，教材名である「家族の絆」の促進条件や成立条件を炙り出した形で議論を収めています。
　最後の発問(4)の後半は，二度目の判断・理由づけという位置づけであり，ここに関するやりとりは板書にはありませんが，ワークシートに記述させ回収しています。

　発問(1)での判断・理由づけは，考え議論する道徳の出発点として，その必要性はよくわかりますが，授業の終末で改めて同じ問いを行い，ワークシートに書かせた意図は何でしょうか。

　道徳科の成否は１時間の変容だけで決するものではありません。
　しかし，判断・理由づけという認知的要素の強い側面は比較的その変化を捉えやすく，評価全体の一部分にすることができます。
　明先生は，「判断結果」としての人数の変化が授業の深さを表すと言われましたが，それは間違いではないにせよ，むしろ「判断理由」の深まりにこそ求めたいのです。その意味で，授業の深まり度をワークシートというエビデンスに基づいて振り返ることができます。

　ありがとうございます。今のご指摘は，あまねく道徳授業全般にも通ずる重要な澪標として，心に刻んでおきたいと思います。最後に，拓先生，一言お願いします。

　本授業の勘所は「役割取得の喚起」「道徳的価値の根拠」「認知的不均衡との対峙」等の視点を発問構成ににじませている点ですが，特筆すべきは板書が対比的・対照的によく整理されているため，それをスプリングボードにして新たな論点や課題を見つけることができたという点です。
　やはり，吟味や練り合わせを通じて相互に示唆を与え深く確かな道徳的思考へと洗練させるには，よりよい発問と板書とが相互補完的に機能する必要があるということですね。

ネームプレートや挙手で自己認識を深める

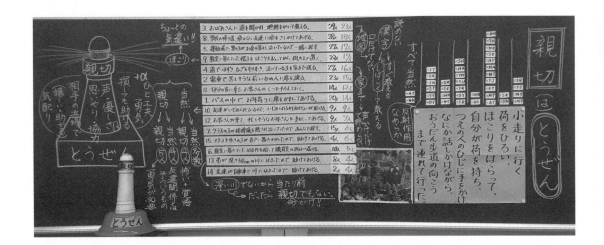

「ネームプレートや挙手で自己認識を深める」板書のポイント

Point 1　立場表明して自己を見つめる契機とする

　教材「親切はとうぜん」は，かつて岸和田市中学校教育研究会から発行された副読本『道徳』に掲載されたもので，あらすじは「横断歩道の信号待ちで足下の荷物を見失った白い杖の人を見て，運転席の友達は，すぐ車から降り，小走りにかけ寄って，荷を拾い，ほこりを払って，自分が荷を持ち，杖の人の肘に手をかけて，何かを話しかけながら横断歩道の向こうまで連れていったのです。『私』は恥ずかしい思いをします。そして，あなたは親切ね，と声をかけると，友達に，あれは親切ではなく当然のことだ，と諭されます。『私』は再び恥ずかしい思いをします。今，私たちは，親切と当然のけじめをつける必要があると思うのです。いわば，当然は，親切という灯の芯であり，灯台の土台なのです」というものです。ねらいと主な発問は，次の通りです。

ねらい：親切と当然との境界線について具体例を交えて吟味することを通して，自然な態度で
　　　　当然のことを行うとともに積極的に親切な行いをしようとする道徳的態度を養う。
発　問：(1)なぜ，「私」は恥ずかしい思いをしたのか。

(2)なぜ，「私」は再び恥ずかしい思いをしたのか。

(3)友達がした一連の行為を分割するとき，あなたにとってどれが最も親切な行いか。

(4)事前アンケート（親切に○印）に再度回答し，判断が変化した理由を考えよう。

(5)（灯台の絵を描き）当然に何を加えれば親切になるのだろうか。

　発問(3)では，ネームプレートを用いています。友達の一連の行為を，①小走りに，②荷を拾い，③ほこりを払って，④自分が荷物をもち，⑤杖の人の肘に手をかけて，⑥何か話しかけながら，⑦横断歩道の向こうまで連れていった，という７つに分けた上で，自分にとって最も親切だと思うものに，ネームプレートを使って立場表明させています。

　立場表明とその理由とは表裏一体のもので，必ず理由についてのやりとりが必要で，例えば①を選んだ生徒は，歩いていくこととの比較で判断していました。また，本授業では，多くの生徒が③を選びましたが，これはその直前の学習場面で判断するための材料・広場づくりをしていたことが影響しました。１つは，教室の床に落ちている帽子を拾う演技を生徒にさせると帽子のほこりを払ってから机の上に置いてくれた，という心遣いです。また，教科書の朗読で読めない漢字があったとき「少しだけ待って」から教えてくれて嬉しかった，と自分の体験談を語る生徒がいたことです。これらが相乗し，③の素晴らしさが強化されたのだと思います。ただ，授業全体への時間配分を考慮して，そのやりとりを黒板に書きとめていませんが，本来はキーワードだけでも残したいところです。いずれにしても，人それぞれ多様な考え方があることを実感し，自己理解・他者理解を深めることに興味・関心が高まった学習場面でした。

Point２　学級全体の変容を捉え，理由・根拠を吟味する

　発問(4)では，挙手をさせています。事前に行ったアンケート項目と同じものに再度回答させてから，まず，事前の回答結果を短冊で貼り出します。その上で，今現在の生徒の考え方を挙手によって人数確認し，親切だと思う生徒の多い順に短冊を並べ替えました。

　ここでも，短冊の移動できるという機能を使って，学級全体の変化の様子を可視化したことで，その変化の理由に対する知的な興味・関心を高めることができました。はじめは親切だと思っていたが今は当然と思える場合や，逆に，はじめは当然と思っていたが今は親切と考える場合，さらには，親切かどうかの判断結果は変わらなくても理由が深まった場合等，様々な立場から理由・根拠を，真剣かつ誠実に吟味する契機となったのです。

　その結果，理由・根拠を語るときに，自分の体験談を交えて発表する生徒も出ました。例えば，道がわからないときに教えてくれてとても嬉しかった，といったものです。このように，抽象的な議論を超えて，具体的な体験・経験が語られるというのは非常に重要で，私たちは，生の体験談に触発されて，自分の過去の体験がよみがえり，確かに自分も同じ気持ちになったと心動かされたときに，初めて得心するのであり，自己の判断や心情に変化が生じるのです。

研究協議会の実況中継

明先生

　まず，発問⑴⑵では，色画用紙を移動した場面が印象に残ります。友達の一連の行為を7つに分割して画用紙に書き，それを板書した「親切」の文字の横に貼っていました。ところが発問⑵のやりとりを通して，それを「とうぜん」の文字の横に来るようにずらしました。そうして色画用紙の上部の空いた空間に発問⑶のネームプレートを貼りに来させています。

智先生

　画用紙・模造紙や短冊は，その箇所を目立たせたいという意図だけで用いるのではなく，移動できるという機能が十分に発揮できる場面で活用したいですね。単に目立たせるだけなら，色チョークで囲ったり，チョークの腹で太く書いたりする等，いくらでも方法がありますから。

明先生

　しかし，本授業のように何度も活用できるのであれば，つくる価値は高いということですね。そして，一度つくって大切に保管すれば，チーム学校としての財産にもなりますしね。
　ところで，学級の全員がネームプレートを貼るのに，３分程度かかっていますが，私なら一人一人が持つ iPad を使わせて，数秒で集計結果を明示させたいところです。

智先生

　それが効率的かつ合理的です。ただ，本授業は1998年に若手教員が行ったものなんです。今日の ICT 機器の普及は想像もできない時代で，ネームプレートの使用さえ新鮮なものでした。

明先生

　なるほど，そういうことなのですね。さて，続いての発問⑷も，今日的には時間短縮ができるかと思いますが，この場面の教育的意義については，どのようにお考えでしょうか。

拓先生

　この教材は，もともと新聞記事で，親切と当然のけじめをつけるという問題提起に対して両者に境界線を引くための材料が不足しています。授業者は，生徒の実態を踏まえながら境界線付近に位置づくような15の質問項目を作成し，思考の「広場」を創り出したわけです。しかも，事前と途中でそれぞれ回答させていますから，過去の自分と今の自分の比較，他者と自分との比較が可能となり，何が違うのかという疑問を原動力に主体的な内省が進むのです。

明先生

　その意味でいえば，「地図をかいて教えてあげる，という項目に○をした29人の人，立ってください」と言って起立させ，同じ理由が述べられたら座っていくというルールも，多面的・多角的な意見を大切にすることにつながりましたね。さらに，それを姿見にして自己を反射させ，自分自身をも多面的・多角的に見つめることにも結びつけられたと考えられます。

ところで，本授業は親切ということが主題の中心に据えられていますが，当時の学習指導要領上でも「親切」は小学校で扱うことになっており，中学校ではその延長上にある「思いやり・人間愛」について深めていくことになっています。このズレはどう考えればよいのでしょうか。

鋭い指摘です。場合によっては，小学校道徳との疑問も生じますが，まず，本授業は入学して間もない1年生に行っていること，学年重点目標に「思いやり」を位置づけて年間3時間を配当していたこと，加えて，当時は道徳の時間確保が極めて難しく，道徳における小中連携も皆無で，道徳授業への新入生の姿勢が未知数であったこと，等を考え合わせれば，この配慮には十分な理由があります。今日でさえ中1ギャップへの配慮からも効果があると思います。

実際，授業後には，「次の道徳の時間も楽しみ！」という生徒の発言もあり，本当に楽しく深い道徳授業になったようです。ネームプレートを貼ったり，色画用紙や短冊を移動させたりして，変化に富んだ黒板利用となりましたが，それだけが成功の鍵というわけではなく，発言のさせ方のルールや中学生が改めて「親切」を探究する意図などとの相乗効果だと思いました。ところで，そもそも「親切」と「人間愛」とは，どのように違うのでしょうか。

本当は哲学的・倫理学的に精緻な解釈が必要なのかもしれませんが，道徳科は担任が行うことを基本としている以上，学習指導要領解説くらいは目を通しておく必要があるでしょうが，その上で，自分の人生経験に照らして考えてみてほしいと思うのです。そこで，まず先生方同士で普段着のままに語り合ってほしいという願いも込めつつ，私の日常感覚で答えてみます。

さて，「親切」とは「深切」であり，「相手への深く切なる思い」，すなわち惻隠の情を行為の源流に置くものです。待ちかまえて行うというよりも，どちらかといえば，意図や計画性の入り込む余地が少ない「偶然性」を伴うことが多いように思われます。たまたま出会った場面の，「自分はこうせずにはいられない」といった切なる思いが鍵を握るため，日常の心の構えやとっさの判断が厳しく試されます。それゆえ，じっくりと練り上げた意図や計画性への傾斜の度合いにより，親切から人間愛へとグラデーションのように深まっていくというのが私の素朴な感覚です。哲学的な考察も重要ですが，このような素朴な感覚を教員間で共有し，さらにいえば，より具体的な体験談も披露しながら，相互の感性に訴えるようなやりとりになれば最高でしょう。

今後は私も，道徳的価値について，肩肘張らずに日常会話の中で交流していく場面を増やそうと思います。まずもって，自分自身が多面的・多角的な視点をもつことができますし，中学生の自然な感覚も捉えやすくなり，授業を深める大きな手がかりが得られるかもしれません。

考え議論した内容から自己展望する

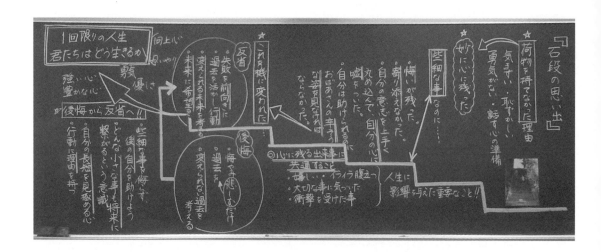

「考え議論した内容から自己展望する」板書のポイント

Point 1　自己展望するための広場を設ける

　本授業は，文部省が昭和39年に編集した『中学校　道徳の指導資料　第Ⅰ集２学年』にある古典教材「石段の思い出」を用いたものです。これは，重そうな荷物を持って湯島天神の石段を登っているおばあさんに，声をかけることができなかった女学校時代の思い出を胸に，その後の人生を大切に歩んできたお母さんの美しい心を描いた話で，ねらいと発問は次の通りです。

ねらい：過去の経験を糧とする「反省」がよりよい未来を創る「向上」へと結びつくことに気
　　　　づき，自分の内にあるきれいな心を生かそうとする道徳的心情を養う。
発　問：(1)なぜ，荷物を持てなかったのか。
　　　　(2)なぜ，妙に心に残ったのか。
　　　　(3)なぜ，これを機に変われたのか。
　　　　〈追究発問〉単なる「後悔」と向上へ結びつく「反省」は何が違うか。
　　　　(4)後悔を反省に変え，きれいな心をしっかり生かすには，何を心がければよいか。

さて，ここでは上記の発問を逆順で見ていきましょう。まず，たった１回限りの人生をいかに生きるか，というテーマに迫るために，主として自己展望に関わる発問(4)を設け，後悔から反省への質的転換を遂げるには何が必要かを考えさせています。

　しかし，唐突に自己展望できるものではありませんから，その前提として，考えるための手がかり・糸口をつかんでおく必要があります。そこで，直前の追究発問においては，手がかり・糸口をつかむための思考の広場を提供したというわけです。このことで，後悔と反省の違いについての理解が深まります。

　ところで，この後悔と反省の違いを考えるきっかけは，言うまでもなく，教材「石段の思い出」が描く真実の世界にありますから，さらなる前提として，お母さんは後悔ではなく反省にまで止揚できた，すなわちその後の人生に些細な経験を生かすことができた，という事実を押さえておくことが必須となります。もし，発問(2)で，寄り添えなかったという悔いを残し，自分の心に嘘をつき，簡単に助けられるのに何もしなかった，という表面的な心情を確かめるだけなら，それが反省にまでつながるのか，単なる後悔にとどまるのかははっきりしません。

　そこで，表面的な心情を押さえるだけでなく，発問(3)を通して，なぜお母さんはその些細な経験を生かせたのか，という切り口から，「妙に心に残った」というお母さんの受け止め方の重みに思いを致す必要があるでしょう。そのため，本授業では，一般に心に残る出来事を想起させて「人生に影響を与えた重要なこと」という共通項を導き，それを手がかりとしています。発問づくりに際しては，順思考で構想していく場合もありますが，上のように，逆思考によって自己展望のための広場を設計し，さらにそこで議論ができるように，もう１つ手前の広場を設計するといったこともよくあるのです。

Point２　自分らしい道標を見出す

　発問(4)のやりとりでは，「些細なことを侮らないことが，未来の自分を応援・援助することにつながる」などの意見が出ましたが，常に発言に対しては，学級の生徒に寄り添い最も深く理解している担任ならではの眼差しを向けながら，鍵となる語句にサイドラインを引きたいものです。例えば，ときには後先を考えずに行動してしまう生徒が「自分の行動に理由をもつ」と発言したときには，私はなるほどと思い，「理由」にサイドラインを引きました。しかし，その真意を学級全体で共有するため，もう少しやりとりを続けてみると，「自分の行動を振り返ってみると，大切な理由があったり，つまらない理由だったりします。特に，つまらない理由だったときは，なぜそんなことで行動に移してしまったのかを考え，自分に対する理解を深めようということです」と返ってきました。この生徒の発言を逆から捉えると，要するに，納得できる理由がもてない場合は軽々と行動には移さない，ということになるのです。

　後悔を反省に変容させるための条件は十人十色ですから，その生徒ならではの，その生徒しか思いつかない「自分らしい道標」を見逃さずに着眼し，高く評価したいと思うのです。

研究協議会の実況中継

明先生

「石段の思い出」は，吉野源三郎の『君たちはどう生きるか』にある話ですね。僕も中学時代，大学時代に一度ずつ読んでいますが，青春時代に目を通しておきたい子どもの哲学書です。

ところで，これは時系列的な板書の典型ですね。階段をイメージさせるラインを引き，あたかもコペル君のお母さんが人生の石段を登っていくことを，授業を通じて追体験させるような工夫が見られます。教材の舞台となった38段ある湯島天神・男坂の写真を貼っているのも，臨場感が高まったように思います。先生方は，この授業や板書をどのように考えられますか。

智先生

まず，明先生が指摘してくれた通り，教材名にある「石段」を黒板の全面にわたって象徴的に描いています。そして，発問と発問の間は矢印で結ばれており，発問を重ねるごとに，考えが高まっていく様子がイメージできます。随所に工夫の跡が見られ，本当によく練られた板書で，心に残りますね。

拓先生

今，智先生は，豊かな授業経験から「よく練られた板書」と的確な評価がありましたが，実際，授業をされた先生は，この板書に到達するまで，吟味と改良を随分と重ねられたようです。

下の写真は，授業者からいただいたもので，ほぼ同じ指導案で行った10年前の板書だということです。共通の発問が多いため，2つの板書を断片化して対応させると，重なる要素が多数見られますが，板書全体としては全く別物と考えられます。すなわち，授業の質そのものが，この10年間で大きく飛躍したということであり，授業者の努力の賜といえるでしょう。

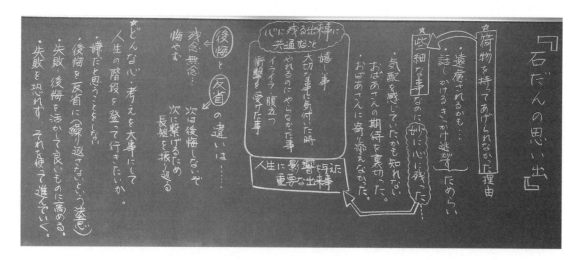

ひとりの先生の過去と現在の板書を見比べるというのは，大変興味深いですね。10年前のものも時系列的な板書で，矢印を用いたことで授業の流れは明瞭に捉えられるのですが，こうして２つの板書を見比べますと，やや平板に授業が展開されているという感じがします。

　実際，異なる点をいくつも指摘できます。例えば，自己展望に関する学習場面で，10年前は「嫌だと思うことをしない」「後悔を反省に」「失敗を恐れず，それを使って進んでいく」等の一般的な発言しかありませんが，最近の授業では「些細なことを侮らず，後の自分を助けよう」「どんな小さなことも将来に繋がるという意識」等の個人の想いがにじむ踏み込んだ発言があります。
　形式上の大きな違いは，黒板右下から左上への階段をイメージしたジグザグ線ですが，このジグザグ線による視覚的な高まりが，生徒の意識や思考の高まりに通じました。実質的には，１つの発問で考え議論した内容が，次の発問場面に生きて働いたということですね。

　それでは，黒板を左右に分けて，まず右半分についてのポイントを教えていただけますか。

　価値認識に関する発問(1)から(2)への矢印は，「些細な理由による些細な出来事なのに，妙に心に残ったんだね」と言いながら描かれました。続いて，発問(2)では，追究発問として「一般的に，心に残る出来事に共通することは何か」を問い，そのやりとりを最初に示した階段の下側に埋め込むように記しています。また，「些細なこと」と「人生に影響を与えた重要なこと」とを双方向の矢印でつないでいますね。これには，些細なことを重要視したお母さんの素晴らしさを意識させる働きがあるでしょう。

　具体的には，心に残る出来事一般に共通する特徴を考えつつ「人生に影響を与えた重要なこと」として整理したことで，それとの比較を通して意識させることができたわけですね。

　そうですね。「些細なことが妙に心に残った」というだけでは，疑問や曖昧さが残りますので，お母さんの素晴らしさがつかみづらいのですが，このやりとりを通すことで，「些細なことでも，本人の考え方次第で，人生に影響を与える重要な経験として生かすことができる」という真実を明瞭にしました。同時に，お母さんの素晴らしさも鮮明に捉えることができました。

　では，続いて黒板の左半分については，どの辺りがポイントになるでしょうか。

自己認識としての発問(3)では，後悔と反省との違いを考察させて両者を矢印でつなぎ，さらにその矢印のそばに，自己展望としての発問(4)で考えた，後悔を反省へと昇華させるために必要な条件を書くことで，矢印の原動力となる要素を浮かび上がらせていますね。

　階段の模式図と，授業の中盤と終盤に描かれた２つの矢印との相乗効果で，あたかも人生の階段を踏み登って展望するような授業展開にしています。特に，黒板左の大きな矢印は，自己展望を象徴するものですが，その矢印の始点では，反省と後悔を対比して相違点を探らせており，自己展望を可能にさせるための土俵をきっちり確保している点は大いに参考になります。

智先生

　今，智先生から各発問と板書全体への位置づけについて，詳しいお話がありましたので，私は視点を変え，見た目の派手さのない本授業のよさについて述べてみます。

　文部省の『中学校　道徳の指導資料　第Ⅰ集２学年』をひもとくと，資料の事前提示や，「なぜ，おばあさんの荷物を持ってあげることができなかったのか」「なぜ，『あのときああして本当によかった』とか，『一生の内に出会う一つ一つの出来事が，みんな１回限りのもので，二度と繰り返すことはない』といった自覚にまで高めることができたのか」等の設問があります。

　また，私は中学時代に，「些細なことでも『何かきまりの悪い気持ち』がし，『妙に心に残った』のはなぜか」「単なる『後悔』と向上へ結びつく『反省』とは，何が違うか」等の発問で議論を交わした経験があります。

　さらに，村上敏治氏の名著『道徳教育の構造』（明治図書，1973年）には「『きれいな心をしっかりと生かしていく』ということがまさに人生の石だんを踏む姿であること，それらを深く味読し理解することが人生を味読し読解することである」との示唆もあります。

拓先生

　そうでしたか。事実，終末の生徒の感想には，「お母さんが登っていたのは人生の階段だと思う。思い出や経験を一段一段積み重ね，ときどき，反省し，些細なことにも真心を込めて行動すれば，次につながる気がした」等の深い考えがありました。

明先生

　味わい深い感想ですね。二度と繰り返すことのない「片道切符の人生」の重みを感じます。

智先生

　そのような感想が生まれるのも，授業展開とその板書が味わい深いものだからです。そして，実は，この授業の発問構成に，こうした半世紀前の知見を再活用している点は見逃せません。

　すなわち，「考え，議論する道徳」を創るには，新しい授業観を築くという面だけでなく，こうした先達の素晴らしい実践に包蔵された豊かな叡知を基層にすることも極めて重要であるという点が示唆されている，ということです。チャーチルの慧眼「過去への透徹した眼差しと矜持が，未来へ向かう希望の礎となる」を，改めて胸に収めておきたいと思うのです。

拓先生

　斎藤喜博は「教室の前にある松の葉に降る雨の音が聞こえるような授業」に玄妙な意義を認めています。動的活動の華やかさや発言の多さとは質を異にする，静寂の中の熟慮黙考と，朴訥ながら深く胸打つ発言の重要性を改めて心に刻みたいものです。

3章

深い学びに導く
中学校道徳板書のアドバンス

板書の応用～授業のねらいに迫る～

「写生」と「写意」

　深い学びに導く板書のアドバンスとして，次節から板書の技法や考え方について分割的に取り上げ，解説を加えたいと思います。しかし，これは便宜上の断片化であって，重要なことは，様々な技法や考え方が組み合わされ，相乗効果を発揮した総合体として１つの板書が完成されるという点です。さらに，より重要なことは，板書における各種の技法や考え方が，教師の具体的な想いや願いを詰め込み，託したものとしてふさわしいか，という側面です。見方を変えれば，生徒の瑞々しい考えや熱い議論があふれてくるものであったか，と換言できるでしょう。近代日本画壇の巨匠で第１回文化勲章を受けた横山大観の作品にスケッチ画はほとんどなく，スケッチ風のものは心象風景です。これは，「技術は着想なり構想なりを表現するひとつの手段にすぎない」という確固たる哲学をもって，技術を主とする眼で描く芸術から距離をとり，技術を従とする心で描く芸術を追い求めることで，物象の真実なる生命を表現したからです。すなわち，１つの絵画は，技術・技能を身につければ，誰でもそっくりに「写生」はできますが，大観は，例えば風景画なら，光・風・香り・鳥のさえずり・空気の寒暖等まで絵の中に込める「写意」を追究し，東洋的自然観や人生観といった象徴性をも表現した，ということです。私たちも，板書を見つめるとき，どの技術や技法が用いられたかということ以上に，それはどのような道徳授業だったのか，という面を意識したいものです。心に浮かぶ想いや考えを通して議論・交流し，学級全体がねらいに向かって熱を帯び，自我が強まりのばされる学習や，それに伴う自己との対峙を経て，人間としての自分らしい生き方を一歩一歩固めていく学習が成り立ったか，という吟味が重要です。まさに，板書技法で「写生」するのではなく，板書の真の成否と連動する授業の実りの「写意」でなければならないのです。そこで，本項では，道徳科における「深い学び」を充実させる糸口・手がかりとして，私が留意してきた点のいくつかを論じることで，授業のねらいに迫る板書づくりの基礎・基盤固めをしたいと思います。

主体的・対話的で深い学び

　中央教育審議会答申（平成28年12月21日）は，「答えが一つではない道徳的な課題を一人一

人の児童生徒が自分自身の問題と捉え，向き合う『考え，議論する道徳』を実現することが，『主体的・対話的で深い学び』を実現することになる」と指摘しています。また，道徳科における「深い学び」の鍵となる「見方・考え方」は，「様々な事象を，道徳的諸価値の理解を基に自己との関わりで（広い視野から）多面的・多角的に捉え，自己の（人間としての）生き方について考えること」であるとの指摘もあります。

さらに，主体的に学ぶための基本は「問題意識を持つ」「道徳的価値を自分自身との関わりで捉える」「自己を見つめる」「自己の生き方について考える」等の学習であるとし「自らを振り返って成長を実感したり，これからの課題や目標を見付けたりする」工夫を求めています。

対話的に学ぶための基本については「子供同士で協働する」「教員や地域の人と対話する」「先哲の考え方を手掛かりに考える」「自分と異なる意見と向かい合い議論する」等の学習であるとし，「自分自身の道徳的価値の理解を深めたり広げたりする」ことを求めています。

そして，深く学ぶための基本は「道徳的諸価値を理解する」ことを基にして「自己を見つめる」「物事を多面的・多角的に考える」「自己の生き方について考える」等の学習が展開されることであり，「様々な場面，状況において，道徳的価値を実現するための問題状況を把握し，適切な行為を主体的に選択し，実践できるような資質・能力を育てる」ことを求めています。

このように概観してみますと，「主体的な学び」「対話的な学び」「深い学び」は，まさに道徳科の目標に編み込まれた機能と考えることもできるでしょう。すなわち，1章で論じた「価値認識」「自己認識」「自己展望」という授業づくりの3つの視点全体にわたって，「主体的な学び」「対話的な学び」「深い学び」を活着させていく必要がある，ということです。

立場表明と子どもの声

立場表明や理由・根拠づけについては2章で触れましたが，さらにいくつかの留意点について，具体の小学校教材を通して指摘してみます。なお，言うまでもなく，それらは1つの目安であって，絶対的な原理・原則ではありません。「価値認識」「自己認識」「自己展望」の組み合わせ方や具体の基本発問は多種多様に考えられ，先生方一人一人が，子どもの発達の段階や特性，指導内容などに応じた学習プロセス・学習方法を工夫して実践することが重要です。

はじめに，「泣いた赤おに」の授業において「青おにの行為は，友情を結び合うことにつながるのだろうか」と問い，その程度を5段階で立場表明し，理由・根拠を発表する場面を考えます。「自己認識」や「価値認識」と深く関わるこの発問は主題のねらいや道徳的価値と向き合う出発点に位置づけられますし，青おにや赤おにを感性的に捉えるだけにとどまらず理性的・悟性的な判断力も交える必要があり，主体的な学びへの扉を開く鍵となり得るものです。

ところで，もう1つの考え方として，青おにの行為の善し悪しについて自由に立場表明させるのではなく，物語の青おにはひとり悪者になって去っていくという選択をしたのだから，そ

の行為の道徳的意味や意義を掘り下げることで，真の友情に迫っていくこともできそうです。具体的には，「青おには，自分が悪者になることで何を大切にしたのだろうか」といった発問がそれに当たります。どちらがよいのかはケース・バイ・ケースであり，授業者はその都度，子どもの発達の段階や心の実態に応じて柔軟に考えていけばよいでしょう。

　ただ，私が中学生に授業するときは，多くの場合，立場表明をさせていました。それは，青おにの行為を肯定するより，否定的に捉える意見の方がやや多いという中学生の声・実態があったからです。こうした状況の中で，教師が一方的に青おにの行為を是認して話を進めてしまうと，中学生は，本当に立ち止まって議論したい部分を取り上げられ，結果として主体性も発揮できず，望ましいと思われることを言わされたり書かされたりすると感じてしまいます。そのことに加えて，「泣いた赤おに」は，青おにを肯定しても否定しても，どちらの立場からも真の友情を追えるという，見逃すことのできない重要な要素も含んでいます。このように考えますと，むしろ，青おにに対する肯定・否定の両面から，道徳的価値やそれと向き合う自己を捉えた方が，主体的に多面的・多角的な認識へと至る可能性が広がるように思います。

立場表明の適否

　次に，「雨のバス停留所で」の授業において，「バスが来たとき，駆け出すのとそのまま待っているのとでは，どちらを選びたいですか」と問い，立場表明をさせる場面を考えてみます。この場面の立場表明は，上述の「泣いた赤おに」とよく似てはいますが，決定的に質を異にする点があります。それは，善悪がはっきりしている，ということです。

　もちろん例外はありますので，固定的に考えてほしくはありませんが，一般的には，善悪がはっきりしている場合や，学級の具体的な友達や出来事が想起されて生徒の発言にブレーキがかかってしまう場合等は立場表明を避ける，というのが基本的な姿勢であると考えます。

　このような場面では，立場表明をさせず，しかし，比較そのものは「考え，議論する道徳授業」に重要な要素となりますので，例えば，「よし子さんは『駆け出す』を選んだわけですが，お母さんは『待っている』でなければダメだと考えていますね。2つの選択肢の違いはどんな点でしょうか」のように尋ねたいところです。

　同様のことは，「手品師」の授業で「大劇場への誘いと男の子との約束では，どちらを選ぶのがよいでしょうか」と問い，立場表明させることにも当てはまります。この場合は，どちらの選択をしても価値観の異なるひとつの生き方となるので，一方を完全な善，他方を完全な悪としてラベリングすることはできません。しかし，「誠実」を主題にした授業ですから「男の子との約束」を選択したことのよさについて深く議論させたいところです。したがって，この場合も対比的に捉えるという学習場面は設定しながらも立場表明はさせず，例えば，「大劇場への誘いと男の子との約束の間で葛藤する手品師は，どのようなことを考えているだろうか」

と問い，下表のような形で子どもの発言を板書していくとよいのではないでしょうか。

	プラス面	マイナス面
大劇場への誘い を選ぶと……	・大劇場に立つ夢が叶う ・名誉や名声が得られる ・豊かな生活を手にできる ・多くの人に喜びを与えられる	・自分が許せなくなる ・男の子が人間不信になるかも ・寂しく悲しい思いをさせる ・男の子の笑顔が見られない
男の子との約束 を選ぶと……	・約束を守ることで安堵できる ・自分らしさが出せる ・男の子に生きる希望を与えられる ・責任を果たした爽やかな思い	・友人の厚意を無駄にする ・生活が今の苦しいままである ・二度とない機会かもしれない ・有名になれない

立場表明の仕方

　立場表明の仕方については，2・3章を通じて，ネームプレート・挙手・出席番号シール・付箋紙等を用いて，自分の考えを数直線・クロス表・座標平面等に位置づけ，理由・根拠を確かめるという具体的な方法を紹介していますが，実は，その方法を選択した裏側で，使われなかった考え方や発問があります。ここでは，その吟味の一端を紹介したいと思います。

　小学校低・中学年の教材「幸福の王子」で，ある若手教師は，「王子とつばめのどちらの方が，大きな幸せを手にしたか」という発問を思い浮かべたそうです。数直線の真ん中を「どちらともいえない」とし，両端をそれぞれ「王子の方が大きな幸せを手にした」「つばめの方が大きな幸せを手にした」として立場表明をさせるわけです。それで，自我関与を強めて「自己認識」を深め，主体的に判断・理由づけを行って議論することで，崇高で美しい生き方への憧憬を再構築し直そうと考えたのです。

　しかし，これでは，両者の崇高な行為の程度が相殺されてしまいます。例えば，王子とつばめは，共に崇高な行為を通して大きな幸福を手に入れたと考えたとしても，それらが同水準であれば，数直線の真ん中辺りに立場表明することになります。さらに，仮に両者の手にした幸福は小さいと考えた場合でも，それが同水準でありさえすれば，やはり数直線の真ん中辺りに立場表明することになります。すなわち，同じ位置に立場表明していても，多様な立場が錯綜し，学級全体の判断結果を整理しきれていないのです。

　そこで，上述の発問は見合わせ，他の方法を考えることになります。最も単純な方法としては，2本の数直線をかき，王子とつばめの幸福度を別々に表現することが考えられます。あるいは，2直線を直交させた座標平面上に立場表明することもできます。場合によっては，王子とつばめに「町の貧しい人々」も加え，三者の数直線の原点を重ね，そこから放射状にのばして，レーダーチャートとして表現することもできるでしょう。

　もう1つの例として自作教材「田尻海岸の献身」を取り上げます。これは，1609年に千葉県御宿町の田尻海岸沖でスペイン船サン・フランシスコ号が嵐で座礁したとき，刺すような寒さ

の中で住民が乗組員317名を救出し，打ち震える異国の遭難者を素肌で温めたり，綿入れの着物を差し出したり，わずかしかない食料さえも提供したりしたとされる実話です。

　授業構想の序盤では，「どのような思いや考えを抱いて遭難者の救助にあたったのか」といった発問を考えました。しかし，それでは，住民が感じる「不安，苦しさ，ひもじさ」や遭難者の「不安，生命，平穏」といったキーワードが混じり合って発表されることになり，今ひとつ，人類愛や国際親善・扶助の根底にある「誰でも目の前で辛苦にあえぐ人がいれば，それは自分にとっての悲しみだ」という受け止めには至らないのではないか，と思えたのです。

　そこで，このような水準で道徳的価値を認識する可能性を大きくするため，まず，異国の人を目の前にした「不安，戸惑い，怖れ」等や，住民300人より多い数の遭難者になけなしの衣服や食料を与える「空腹，寒さ，苦しさ，体力低下，健康不安」等を発表し合い，住民の自己犠牲の重さ・深刻度を4段階で立場表明するように，軌道修正しました。すると，学級全体としては，3～4くらいの重みとして捉えることが予想されますので，それよりさらに重いものとして「住民は，それ以上に何を重視したのか」と，段階を追って問うことができます。板書も，右のような天秤図に示して視覚化することにしました。天秤図の右側に吊るすおもりの数は，生徒の意見を確かめながら，5つにすることも考えられます。

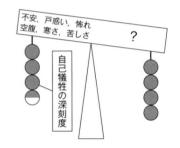

議論とグループワーク

　ここまで，立場表明について論じてきましたが，立場表明とその理由・根拠を発表し合うこととはワンセットの学習場面で切り離すことはできませんので，本節を終えるにあたり，その後の学習展開における留意点を指摘してみたいと思います。

　まず，価値の葛藤や衝突が生じる場面について，主体的に考えたり，立場表明して理由・根拠を発表したりする段階までは，異なる考えに接することはできていても，対話的な議論は実現していません。すなわち，教師と生徒のやりとりが中心であって，生徒と生徒のやりとりは少ないといえるでしょう。学級活動などの討議では，集団として一定の結論・合意形成にたどりつく必要がありますが，道徳科における議論は，論を展開し合うことにこそ意義があって，個々の意見や考えがあくまでも尊重されるという学級風土，生徒間の共通理解が必須条件でしょう。

　しかしながら，各生徒の独自の意見や考えを基に「議論」する限りは，ある程度の論理性が担保されなければなりませんし，それでこそ，その意見や考えは，異なる立場・考えの級友に対しても一定の説得力をもって迫れるはずです。なお，ここでいう説得力は，級友の立場や考えを変更させるような性質である必要はなく，「自分にはその考え方はできないけれども，し

かし，そのような生き方も確かにあるな」と納得させられるものであれば十分です。

あるいは，納得できない場合には，自分の立場・考えと摺り合わせ，交じり合わせる中で，新たな疑問や課題が生まれるはずです。それは，自分自身の見方や考え方の不十分だった点に関する疑問・課題かもしれませんし，級友の見方・考え方が成り立たない反例があるという疑問・課題かもしれません。いずれにしても，その疑問や課題をぶつけることが最重要であり，そのような議論のキャッチボールを繰り返してこそ，議論が尽くされ深まるのであり，互いを認め合う土壌が耕されるといえるでしょう。このことは，将来，道徳的な選択や判断が求められる問題に対峙したときに，自他にとってよりよい選択や判断ができるような資質・能力を育てることにもつながっていくはずです。

最後に，議論を効果的に展開するためのグループワークについてですが，ここでは，その最も基本ともいえるペアワークの流れを考えてみます。ただし，これもあくまで一例ですので，議論の型として固定的・形式的に捉えないよう留意しておく必要があります。

まず，互いに自分の考えを伝え合いますが，目的は意見の伝達ではなく，自己の考え方をより明瞭で確たるものへと洗練し，豊かで自分らしい価値観・人生観を築く礎石とすることですから，考えを伝え合った後は，それをどう受け止めたのか，感想や意見を出し合います。なお，慣れてくれば，この時点で疑問・質問をぶつけ合うようなことも起こります。例えば，「深く反省して謝っているから許してやりたい」と考えるＡさんが，「結果が深刻すぎて簡単に許せない」と言うＢさんに，「結果だけでなく，目的も考えるべきだ」と反論する等，が考えられます。

次に，話し合った内容を整理することで，双方が重視する道徳的価値の側面や輪郭が浮かび上がります。例えば，Ａ「行為の目的と結果の両面を考慮して寛容を考えたいと思うが，この場合は結果をより重視したい」，Ｂ「失敗や過ちを繰り返して個性を育むのが人間だから，同じ人間として許し許されるということがないと成長は叶わない」，Ａ「しかし，許すべき場面で許さないことは寛容ではないが，許してはならない場面で許すことも寛容ではない」等です。このような話合いを通じて，双方の価値観の異同を明瞭にし，その違いを全体の場で発表します。押さえどころは，道徳的価値を多面的・多角的に捉えて整理することと，価値の複数ある断面の「何を」「なぜ」「何のために」重視するのかを吟味することです。なお，両者は，相互往還的に進行します。例えば，上述のＡの「この場合は結果を重視したい」に対して，「どんな場合は目的を重視するのか」「この場合でも結果を重視できるのか」と条件を変更して再吟味を促すことで，それに伴ってより深い価値の側面について整理する必要も生まれるでしょう。意見の異同に興味をもって批判的な吟味を加える楽しさは，相手と自分の両方の道徳的思考に関わる内容知と方法知を練り鍛え，より明確な自己認識と価値認識をもたらすことにつながり，さらには，多くの人が納得できる自己展望・人生観・世界観を切り拓く，ということを，学級として共通理解・共通体験していくことが望まれるのです。

直列・並列型の矢印で思考を重ねる

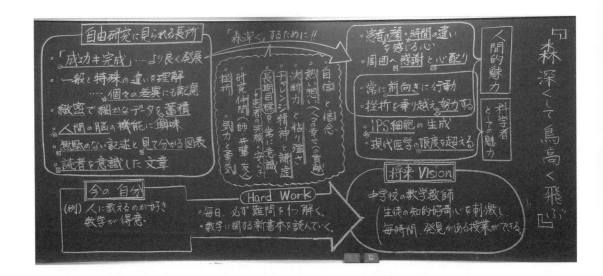

「直列・並列型の矢印で思考を重ねる」板書のポイント

Point 1　発問相互の関連を考える

　本授業は「森深くして鳥高く飛ぶ〜iPS 細胞への道程〜」（『考える道徳を創る「私たちの道徳」教材別ワークシート集　中学校編』所収，明治図書，2015年）を用いた実践で，山中伸弥教授が中学時代に作成した自由研究の要約も補助資料として示しつつ授業を展開しました。

ねらい：山中氏の個性の萌芽は自由研究にも認められ，それが人生における三度の決断で花開いたことを通して，自己の長所をのばし個性へ昇華させようとする実践意欲を育む。

発　問：(1)読み物教材や受賞インタビュー等から，山中先生の個性・人となりを挙げよう。

　　　　(2)将来花開く個性の芽を，山中少年の自由研究の要約の中から探してみよう。

　　　　(3)少年時代の長所を個性へつなぐために，山中先生はどんな体験をし，そこからどのような「Vision」をもち，どのような「Hard Work」を経てきたのだろうか。

　　　　(4)将来の「Vision」に向かって，今の自分の何をのばしたいか。そのためには，どのような「Hard Work」を大切にしたいか。

板書した手順としては，発問(1)で黒板右上の一部を，(2)で黒板左上を，(3)で黒板右上の残りと黒板中央をそれぞれ書き，最後に，(4)で授業者の場合を例として黒板下段に示しました。

　こうして完成した板書を見ると，上3分の2を使って左から右への矢印があり，左側に示した中学時代の長所から，右側に示した成長後の夢・目標へと向かっていることがわかります。また，矢印の方向だけでなく，矢印そのものに詰まっている想いや意志，経験についても，考え交流しています。すなわち，山中氏が色紙に書かれる座右の銘を用いるならば，矢印の終点に「Vision」を，矢印の中身として「Hard Work」を示したというわけです。

　この山中氏の人生の歩みになぞらえて，黒板の下3分の1にも同じような矢印を並列させ，今度は山中氏の後輩である一人一人が我が事として考えるよう促し，ワークシートに書かせました。この場面は，かなりプライベートな内容や不言実行に向けての私かなる決意とも深く関係しているため，あえて発表することは控えています。しかし，並行型の矢印は，シチュエーションや条件は異にするものの，同じ構造の思考プロセスを踏んでいく場合であれば，いつでも用いることができますので，基本としては広い範囲での活用を考えたいものです。

Point2　深める方向に議論を進める

　次に，矢印を直列型につないでいく場合について説明します。紙幅の都合で，ここに板書写真はありませんが，例えば84ページの「オーストリアのマス川」の黒板中央のクロス表を見ると，いくつかの矢印が出ていますが，よく見ると，さらにそこから順次，矢印が出ています。

　例えば，魚を放さないで監視員に見つからない状態は，一見すると大きなグレーリングが手に入るので大儲けしたように思いがちですが，これを一番不運・不幸な場面として捉えた生徒がいましたので，その真意について追究発問を連続して行いました。そのやりとりは，「反省できないから不幸です」「反省できないことが，なぜ不幸につながるのですか」「人間として成長しないからです」「なるほど，成長できないことは不幸だと考えたわけですね」「単に不幸というより，私は人間として一番の不幸だと思います」といったものでした。

　実は，板書計画の段階では，直列型の矢印を用いる予定はなかったのですが，生徒が懸命に表現した言葉に対して，教師や生徒が必死になって疑問をぶつけたことで，使用するに至りました。板書計画にはない臨機の対応ですので，少し窮屈に書いている印象をもたれるかもしれませんが，それとは裏腹に，思考が深化する方向で熟していくことは，自己の立脚点をより一層明瞭かつ強固なものとすることにつながります。さらに，具体的な反応予想を行うことで，直列型の矢印を用いる場面を積極的に探り，板書計画の中に位置づけることも可能となり，意見や考えを拡散・拡張ではなく，収斂・深化させて思考や根拠の源流も見極められるのです。

研究協議会の実況中継

明先生

　本授業は，2012年にノーベル生理学・医学賞，文化勲章を受章された山中伸弥教授の生き方を教材化して臨んだものですね。また，これを実践した中学校が，山中教授の母校である大阪教育大学附属天王寺中学校ということで，非常に盛り上がった授業になったようです。

智先生

　生徒が大きな興味・関心を抱いた理由は，その他にも，総合的な学習の時間と連携してユニットを構成したことも見逃せません。大阪教育大学附属天王寺中学校では，長年にわたって自由研究に取り組んでいますが，その『自由研究・第1集』（昭和51年）に，中学時代の山中少年が研究した「記憶能力について」の要約が掲載されています。そこで，総合的な学習の時間に，附中生が自分の自由研究に取り組むに際して，この山中少年の自由研究の要約を提示し，多くを学ばせたといいます。

明先生

　すると，黒板左上の「自由研究に見られる長所」の部分は，補助資料として準備した，山中教授の当時の要約を読みながらの発表・発言ですが，生徒は初見ではないのですね。

拓先生

　そうです。もし初見なら，要約とはいうものの，3ページ分ありますから，2分程度ですぐに発言することはできません。また，研究内容を理解することに意識が引っ張られ，山中少年の研究姿勢，例えば「この研究は，実験がスムーズに進んだという点において成功である。しかし必ずしも成功＝完成ではない。このことをよく考え，さらに研究を発展させていきたいと思う」といった言葉への意識が薄くなります。そうなると，道徳科の趣旨からもズレてきます。

明先生

　さて，板書についてですが，黒板中央に大きな矢印が並列されていますね。上の矢印は，山中教授の中学時代から，現在の魅力に向かってのびており，さらに，その矢印の中身として，どのような取り組み・経験や姿勢を大切にしたのかが黒板中央に示されています。

智先生

　矢印には向きと大きさがありますので，板書に当たっては，矢印の「始点」と「終点」に何を書くのか，また，矢印の「中身」に何が詰まっているのか，という3点について吟味しておく必要があります。
　本授業では，明先生が指摘してくれたように，始点には山中教授の中学時代の長所を，終点には現在の人間的魅力や科学者としての魅力を，そして，矢印の中身には，長所を個性に昇華させようと努力した山中教授を支えたものを示していますね。
　なお，矢印の「始点・終点・中身」の3点は，板書計画や発問構成上，常に検討する必要はありますが，授業によっては，「中身」を省略するケースもあり，柔軟に扱いたいものです。

黒板の上半分でもう1つ注目しておきたいことは，矢印の始点と終点に示された発表内容が紐づけされていることです。

　キーワードとなる語に下線が引かれていますが，興味深いのは，下線の書き始めに記号がつけられていることです。自由研究での長所が，どの魅力に昇華されたのかを学級内で議論・検討し，同じ記号をつけているのですね。

　本当ですね。見落としていました。ところで，黒板の下方に示された矢印は，上の矢印で考えたステップを踏まえて，もう一度，自分の場合で考えようとしているのですね。

　私が矢印を用いる場面は，ある内容が変容して別の水準に高まったり，多様な中身をもつものから重要な要素や条件を抜き出したりするときが多いのですが，それと類似のプロセスで他の場面についても考えさせたいときに，この並行型の矢印を用いるとわかりやすいでしょう。

　さらに，授業によっては，両者を双方向の矢印で結び，比較対照してその異同を吟味することもできます。例えば，この板書でいえば，上下同じ構造で示していますが，上と下との直接比較は行われていません。もちろん，本授業に必要だというわけではありませんが，教材や板書内容によっては，2つの矢印の「始点・終点・中身」に当たる発言を，それぞれ双方向の矢印でつないで，さらに深く掘り下げ，新たな気づきと新たな課題の発見に結びつけたいものです。

　なるほど，並行型の矢印は，そのような発展性も秘めているのですね。

　それにしても，単なる特徴と個性とは質を異にしますが，集団生活を通して見出された自己の独自の特徴は，個性の源流です。その独自性が人格的価値に支えられ社会的にも評価されるまでに洗練されたとき，初めて個性と呼ぶにふさわしいものとなると考えてよいでしょう。

　つまり，真の個性には，普遍性・社会性や時間的内熟が包蔵されているわけです。また，個性に品格が備わることで，独自の風格が醸し出されもします。そのような意味で，中学時代の山中少年の特徴・長所が個性として開花したという事実は，附中生への応援歌となったことでしょうね。

　「過去には感謝を，現在には信頼を，未来には希望を」というボルノーの言葉がありますが，現在の自分がもつ素朴な特徴をもっと信頼してよいというメッセージになりました。鳥は，深い森の中から最適の枯葉・枯草・小枝・樹皮・根・シダ・コケ等を的確かつ丁寧に探して巣づくりをし，条件を整え，内熟を待って，大空高く巣立ちします。

　私もまた，精神の巣づくりに際しては，その源である森を深くするための日々の継続的な営みを大切にしたいと思いました。

合流・分岐型の矢印で統合・分割する

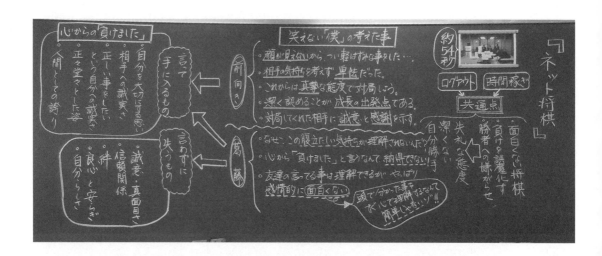

「合流・分岐型の矢印で統合・分割する」板書のポイント

Point1　活用場面と発展性

　本授業は，文部科学省の『中学校道徳　読み物資料集』及び『私たちの道徳　中学校』に掲載されている「ネット将棋」を用いたもので，ネット将棋での対局において，不利な局面で主人公が突然ログアウトし，見えない対局者との回線を切ってしまうという話です。92ページには，本教材による別の展開例と板書写真も示していますので，あわせてご参照いただければと思います。ねらいと主な発問は，次の通りです。

ねらい：自律の厳しさと対峙し，自己の真実の面目を貫くための道徳的判断力を培う。
発　問：(1)「敏和との対局で時間かせぎをしたこと」と，「ネット将棋でいきなりログアウト
　　　　　したこと」の共通点は何か。
　　　　(2)敏和のツッコミに笑えなかった「僕」は，何を考えていたか。
　　　　(3)心から「負けました」と言うことで手に入るものは何か。また逆に，言わないこと
　　　　　で失ってしまうものは何か。

黒板の中央やや左に３つの矢印がありますが，これは上２つでワンセット，下２つでワンセットと見ることができ，それぞれ右の図Ａ・Ｂのように表現することもできます。なお，右の図では単純化して，二股の矢印を示しましたが，場面に応じて三股なども用います。

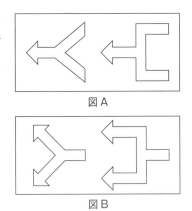

図Ａ

図Ｂ

Ａは合流型の矢印で，２つ以上のよく似た，あるいは異なる内容を照らし合わせ，統合的に捉えたことを終点部に板書します。そこには，両者の共通項や止揚された内容が示されることになります。

Ｂは分岐型の矢印で，１つの内容を多面的・多角的に捉えることで，２つ以上の要素に類別し，さらに分けられた各グループについての考察を加えることができます。また，場合によっては，各グループを分析し議論した後に，改めてそれらを統合して，もとの内容について再評価していくこともできるでしょう。

同様のことは，図Ａについてもいえ，合流型・分岐型ともに，双方向矢印へ発展させる余地があるということです。主題のねらいと発問構成に鑑みて，有効活用したいものです。

Point2　道徳的価値の輪郭を描く

合流型矢印の別の例として，もう１つ，教材「ドイツにて」の板書も見ておきたいと思います。黒板左半分を見ますと，「私にとっての『親切』」と「運転手にとっての『当然』」とを判断材料として統合することで「親切」と「当然」との共通点・相違点を考えさせています。

「親切」の本質へ肉薄するには，その具体例や条件・要素を考える必要があります。しかし，親切の全体像をより明確に把握するには，やはり，親切と似て非なる「当然」や「おせっかい」との違いも追究しておきたいところです。本授業では，合流型矢印を使って，親切と当然とを練り合わせ，親切の輪郭線・境界線を描き出そうとした思考の軌跡が見て取れます。

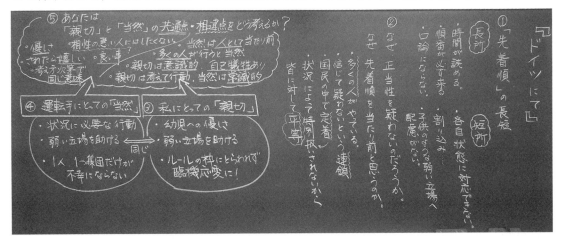

研究協議会の実況中継

明先生

「ネット将棋」の導入では，屋敷伸之九段が将棋ソフト Ponanza に対して投了するとき，王将が詰んでいる場面で１分近くも心の整理に費やしたことなどを伝えていました。

智先生

一般的な導入は，「授業」への導入，「教材」への導入，「主題」への導入が考えられます。最も本質的なものは主題への導入ですが，これら３つの導入のどれを選ぶかといった三択で考えるのは，授業実践上は単純化されすぎて妙味がなくなります。

拓先生

本実践の場合も，第一に，AI と将棋棋士との異色の対決場面を写真で示して興味・関心を高め，授業に引き込んでいます。第二に，基本的に将棋は，一方が負けを宣言することで終了する競技であること，プロでも投了を告げるには心の整理が必要なこと等を押さえ，教材への必要最小限の知識を確かめています。第三に，「ネット将棋」の主人公とは正反対に，屋敷九段は明確に投了を宣言し深く一礼したことを学級で共有し，主題である誠実さを志向しています。

明先生

さて，授業の発問構成ですが，(1)と(2)が価値認識に関する発問で，それを土台にした(3)が自己認識及びさらなる価値認識を深める発問だと思いますが，これらの発問はいかがですか。

智先生

発問(1)で「時間かせぎ」と「ログアウト」を重ね合わせて共通点を見出し，発問(2)から(3)への３つの矢印の上２つでも，「前向き」と「葛藤」の内容を重ね合わせて考えることを要請しています。つまり，本授業は，同じ手法を二度繰り返した実践例であり，教師の想定通りの展開になったと思います。ただ，発問(3)で尋ねた「手に入るもの」と「失うもの」は微妙に異なる面はあるものの，裏表一体の側面もかなり強いように思います。生徒はうまく表現を変えてそれぞれに答えていますが，両者に共通する内容も結構あるのではないでしょうか。

拓先生

もし，共通する要素が発表された場合は，本授業のように両者を切り分けた板書にはせず，迷わずベン図に切り替え，両者の囲みを交わらせて共通項を書き込めるようにしましょう。

明先生

なるほど，柔軟な対応ですね。ところで，発問(3)でどこまでねらいに迫れたのでしょうか。

智先生

それを評価するには，「誠実」という道徳的価値の受け止め方，主題観が鍵を握りますね。

学習指導要領解説では，「『誠実に実行』するとは，すがすがしい明るい心で，私利私欲を交えずに真心を込めて具体的な行為として行うことである。誠実は，自己を確立するための主徳である」と述べています。また，文部科学省の『「私たちの道徳」活用のための指導資料（中学校）』において，本教材の展開例が２種類提示されており，その「事例②」では，発問③「誠実とはどのようなことか」に対して，「結果を素直に受け止め，自分の行動に責任をもつこと」と示しています。

明先生

　別の角度から補足すると，他の価値，例えば思いやりなら，行為として現れれば誰の目にも判断ができます。しかし，誠実だけは，本人にしか判断できません。仮に，他者を喜ばせる行為であってもです。つまり，正しさに裏打ちされた自己の良心に忠実なことが誠実です。内なる声に耳を澄まし心を澄まし，自己の真実の面目を保つという意味での真面目さが必要です。
　また，「良心」のギリシャ語は「シュネイデーシス」で，シュンは「共に」，エイデーシスは「知る」を意味します。では，何と共に知ることが重要かというと，「天知る，地知る，我知る，人知る」の四知からも，また，私たちの行為が他律（世間と共に知る）から自律（自己と共に知る）へと向かうことからも明らかで，自己と共に知るということにほかなりません。そして，自己の心の声に恥じない行為だと自己自身が判断し認めたときに，心の安寧が訪れるのです。

拓先生

　すると，発問(3)の発言に「真面目・良心・安らぎ・正しさ・誇り・大切」等が見られますから，主題のねらいに迫る一定の成果があったわけですね。その成果に，板書はどう貢献しましたか。

明先生

　例えば，発問(3)で「自分を大切にする思い」と板書されています。板書では，それを生んだプロセスまでは示していませんが，授業では，「腹立たしい気持ちで感情的に行動すると，自分がみじめになるし，成長の出発点にも立てません。やっぱり，自分を大切にする思いだけは守りたい」との発言がありました。
　つまり，発問(2)の「笑えない僕」を考えたときに，自己を直視したときに，前向きに反省している場合と葛藤している場合に分けて板書したことが生きたということです。分けることでわかる，深く分析できるということでしょう。そして，「前向き」と「葛藤」の鍵となる語句に下線を引き，さらに合流型の矢印を用いて，それらを統合して１つの発言に結実させることを促したと考えられます。

智先生

　なお，合流・分岐型の矢印を板書するに際しては，授業のどの場面でなぜ用いるのかという「時期」と「目的」，何を合流・分岐させて何を生み出すのかという「対象」と「産物」，どの観点からどのように進めるのかという「方法」，誰が積極的に進めていくのかという「主体」に関しては，常に問題意識をもって検討し，効果的な場面を見極めて活用したいものですね。

拓先生

数直線で立場表明する

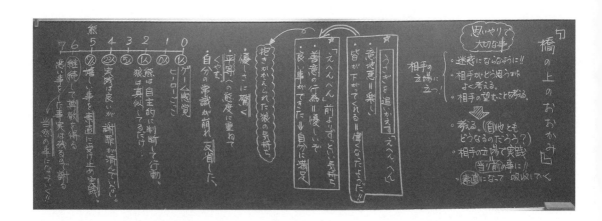

「数直線で立場表明する」板書のポイント

Point 1　数直線を柔軟にのばす

　本授業は，小学1年生の全ての道徳教科書に掲載されている定番教材「はしの上のおおかみ」を用いましたが，学び直しの教材として中学1年生用に掲載している教科書もあります。単純なストーリー展開であっても，その教材が，深く自己自身を見つめることができるという「真の教材」の条件を備えていれば，中学校の道徳でも十分活用できるのです。

ねらい：熊と狼の行為の違いを比較し理解することを通して，より洗練された思いやりの深い
　　　　姿とその条件・要素を明らかにしようとする道徳的判断力を育む。
発　問：(1)2つの「えへん，へん」は，何が違うのだろうか。
　　　　(2)狼の行為は，熊の行為の域（レベル）に達したか。
　　　　(3)熊と狼は，優しくすることをどんな目的で行っているか。
　　　　(4)熊と狼の行為を，森の動物たちはどう感じるだろうか。
　　　　(5)その森の動物に対して，あなたが狼ならどうするか。
　　　　(6)熊よりも，さらに思いやりの深い行為は考えられるか。

さて，数直線ですが，指導案では，発問(2)に対して熊の行為を5点とし，狼の「思いやり度」を1～5点で評価する予定でした。ところが，実際には「狼の行為は全く評価できないので，0点をつけたい」という生徒が現れたのです。このような予定の枠を突き抜けての発想・意見は貴重ですから，柔軟に対応しました。すなわち，数直線を延長して0点を位置づけたのです。

　発問(6)では，より理想的な思いやりの姿を思索するため数直線をプラス方向にのばして6点を加えると，7点もつくってほしいとの声が上がりました。そして，熊の行為が最高という固定観念を打ち砕いて思いやりに対する自分の認識を再構築したのです。学習場面や状況に応じて，数直線を延長することも視野に入れ，生徒の柔軟な発想に寄り添いたいものです。

Point2　立場表明と理由・根拠の順序を考える

　さて，「数直線上に自分の立場を表明すること」と「その理由・根拠を考えること」とは，表裏を成しています。したがって，立場表明だけで，理由・根拠を考え議論しないという授業展開は，ほぼないといってよいでしょう。しかし，立場表明の場面と理由・根拠を発表する場面との学習順序については，授業者は常に慎重な検討をしておく必要があると思います。

　例えば，前ページの板書ではワークシートに立場表明を直観的に行った後で，理由を考えて書くという順番で進めましたが，下の板書写真は先に自分の意見・考えを練り上げておいて，その後で数直線上に立場表明させたものです。その結果，下の授業では，狼に3点をつけた生徒が増し，また，「今後が大事」「優越感」「思いやりの押しつけ」等の視点も認められます。

　一般的に，先に立場表明をする効果は，第一感での決断・判断が短時間で行いやすく，その勢いある流れに乗って，価値に肉薄する根拠を探究できるという点にあり，一方，先に理由・根拠を追究しておく効果は，判断の理由を後づけで考える危険を回避するとともに，自己の判断結果を変更しやすく，理由・根拠の考察や吟味が浅くならずにすむ点にあるでしょう。

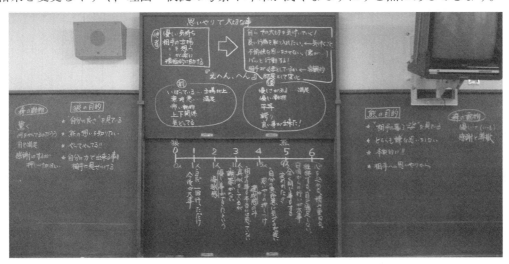

研究協議会の実況中継

明先生

　この授業は,「陰徳としての思いやり」を主題にして実践されたと聞いていますが, まず, この「橋の上のおおかみ」とはどのような教材なのか, 教えてください。

智先生

　小川未明に師事した児童文学作家・奈街三郎の作品で, 従前から小学校の定番教材です。あらすじは「狼は, 一本橋の上で他の動物と出くわすと, もとの場所へ追い返しては『えへん, へん』と言いますが, ある日, 橋の上で出会った熊に, 狼は抱き上げられ, 熊の後ろへそっとおろしてもらいます。その熊の後ろ姿をいつまでも見つめる狼でしたが, 次の日からは, 熊と同じように小動物を通してやり,『えへん, へん』と言うようになります。狼は, 一本橋を渡るのが, すっかり楽しみになりました」といったものです。
　さて, 明先生は, この授業の発問や板書写真について, どのような感想をもたれましたか。

明先生

　僕は, まず価値認識を進めていくために, 教材の文中に2回出てくる「えへん, へん」の質的な違いを発問(1)で考え, 狼の心の変容を把握させようとしたのは鋭い着想だと思いました。

智先生

　2つの語句や場面, 見方や考え方などを比較対照するというのは, 物事を深く考え理解する上で有効な手段ですね。本授業では, 実はこの「えへん, へん」以外にも比較の場を設けています。
　それは, 導入と終末のそれぞれで「思いやりで大切なこと」を繰り返し問い, その条件や要素を発表させた場面です。両者を見比べることで, 学級全体としての深まりが見えたり, 展開段階の良し悪しを評価したりできますね。

明先生

　発問(2)では, 橋を渡るとき, 表面上は熊と同じ行動をとるようになった狼について, その思いやりの水準を数直線上に表すとともに, 理由・根拠を考えさせています。
　これは, 自己認識とも関係の深い面白い発問だと考えますが, どのような目的や効果があるのですか。

智先生

　数直線上の立ち位置を決定することが求められていますから, これは, 文の読解だけでは答えられない, 自分の生き方・考え方を自らに問うことでしか答えられない発問ですが, まず, 最初は判断の結果を表明するだけですから, 比較的短時間で抵抗なく決断できるでしょう。
　その結果, 判断からの理由づけという流れの中で, 本来, 考えづらいはずの道徳的価値に基づく根拠を追究することへの心理的な負担が軽くなることが期待されます。

拓先生

　板書写真にも見られるように，中学生ともなると，狼の行動が「ゲーム感覚」「ヒーローごっこ」であるといった違和感を覚えるものです。授業者は，そうした実態に基づいて，狼の水準を超えた「より洗練された思いやりの深い姿」という語句を授業のねらいに組み込んでいます。

　そのねらいに肉薄するには，一本橋を渡るのが楽しみな狼のレベルを超え，さらには熊のレベルの先をも展望させる必要があるでしょう。そこで，「熊の後ろ姿を見送りながら，狼は何を思ったか」という小学生への発問は見合わせ，数直線を用いた判断と根拠を問うたのです。

明先生

　この数直線を用いて判断し理由づける場面において，留意しておくべきことはありますか。

智先生

　数直線上での「立場表明」とその「理由・根拠づけ」の順番には，注意が必要ですね。よく見られるのは，「立場表明」を行ってから「理由・根拠」の発表に移行するというもので，授業展開も比較的スムーズに進む場合が多いと思います。ただ，理由・根拠を後から答えるため，やや浅く一面的な考えが生まれやすいといえますね。

　一方，「理由・根拠づけ」を先に行ってから「立場表明」に進むという順番だと，冒頭から立ち止まって多面的・多角的に考えていくことになります。これは，授業論としては，生徒の実態によってはデメリットとなりますが，本質論からいえば大きなメリットだと思います。

明先生

　どちらの順番で進めるにしても，「立場」と「理由・根拠」を考えるのは個々で行われ，その後，発表内容について，ペアや小集団，あるいは学級全体で議論していくわけですね。

拓先生

　明先生は，経験年数が少ないですから，まずは実践しやすい「立場表明」から「理由・根拠」の順で経験を積んでおき，慣れてきたら，ときどき「理由・根拠」を先に考えさせるということにも挑戦されるといいと思います。

　その際，もし，本授業の(2)のような発問に20分程度かける覚悟があるなら，次のような丁寧な進行を試みてもよいのではないでしょうか。

　まず，個々に「熊と比べたときに狼の行為・態度について思うことや感じること」をプラス・マイナスの両面から考えさせます。ここまでは同じです。

　しかし，次に「立場」を決めさせるのではなく，どのような思いや感じ方があるのかを発表し合い，学級全体の多様な意見を黒板に整理して共有します。

　最後に，整理された多様な意見を参照しながら，数直線上に自分の立場を位置づけるのです。

　その後の議論では，多様な意見の何を重視して「立場」表明したのか，また，なぜその意見を重視したいと考えたのかという「思考のプロセス」を吟味し合うのです。

　なお，明先生がいわれた，「立場」と「理由・根拠」を個々で考え，その発表後に議論へ移る場合には，議論を経ての「立場」「理由・根拠」に変化があったのかを再確認するのも一案です。

アドバンス④

マトリクス図で整理する

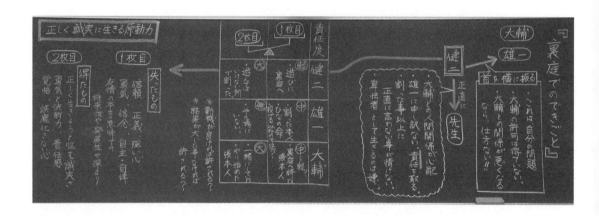

「マトリクス図で整理する」板書のポイント

Point 1　多様な場面を整理する

　本授業は，『中学校　読み物資料とその利用―「主として自分自身に関すること」―』（文部省，1991年）に収められた教材「裏庭でのできごと」を用いたもので，あらすじは「猫から雛を守るために投げた雄一のボールで天窓のガラスが割れ，その後，遊びで蹴った健二のボールがその隣のガラスを割ってしまう。大輔は先生に1枚目が割れた理由だけを伝えてごまかすが，健二は悩んだ末に職員室へ向かう」というものです。

ねらい：責任をもって誠実に生きるための覚悟や決意に必要な道徳的判断力を養う。
発　問：(1)先生に正直に話す決断をするまでに，健二は何を考えたのだろうか。
　　　　(2)健二が首を横に振った意味は何か。
　　　　(3)割れた2枚のガラスに対する3人の責任の重さをどう考えるか。
　　　　(4)健二が失ったものと得たものは何か。

　ここでは，2枚のガラスを割ったことに関係する3人の登場人物が描かれています。しかし，全ての場面の責任度を考えるには，6通りについて考える必要があり，黒板に羅列して書くの

は煩雑にすぎます。そこで，2×3のL字型マトリクス図に整理し，全体を鳥瞰します。

　その際，重要なのは，どのような観点から整理するのかということです。本授業では「責任度」という1つの観点に絞っていますが，場合によっては2つの観点，例えば「動機」と「結果」の善し悪しから考察することもあり得ます。しかし，あまり観点を増やしすぎると，情報量が多くなり，マトリクス図に整理しても全体を俯瞰できない状況に陥ります。やはり，主題のねらいに照らしつつ，整理するための観点を厳選しておいた方が無難でしょう。

　なお，今後，ICTが学校教育の場に道具として浸透すれば，多少観点が増えても，それらの判断を数分間でiPadに入力させ，瞬時に棒グラフで結果を示すようなこともできます。あまり複雑にならない範囲であれば，より深い多面的・多角的な議論へとつながるでしょう。

Point2　何をどのように板書するのかを検討する

　さて，続いては，マトリクス図の各枠内に「何を」「どのように」板書するかの検討です。

　まず，「何を」ですが，事実や状況，理由や根拠，道徳的価値やその要素や条件，等の対象について，文章やキーワードで示すことを基本としながら，もし，その対象が量的・順序的に捉えられるのであれば，数字や「◎○△×」の記号で表現することもできるでしょう。「何を」については，マトリクス図全体を俯瞰して，ねらいへ迫るスプリングボードにする必要があり，前後の基本発問とのつながりも十分に吟味して，検討を加えなければなりません。

　なお，本授業では，責任度に影響を与える「事実」を中心に示しましたが，ここは次の基本発問で思考をより深く掘り下げるため，理由・根拠や道徳的価値を板書する方が勝っていたでしょう。例えば，発問(4)の発言にある「信頼」「勇気」などの語が，すでにマトリクス図の中で表現されていれば，それを参照しながら発問(4)を考えることができ，様々な要素・価値を結びつけたり，自分はそれらとどう向き合っているのかと自我関与したりして，責任をとることの意義や意味を一層深く考え感じることができるはずです。ただし，留意しなければならないのは，例えば「信頼」が失われるといった場合，マトリクス図の各枠内のいずれにも大なり小なりいい得ることで，その場合，問題にすべきなのはどの「程度」失われたかという量的側面だということです。仮に，大きく失われたのであれば，「信頼×」と表現したり，「信頼」と書く文字の大きさを変えたりするなどの工夫が必要となります。

　次に，「どのように」ですが，道徳科で最も重要なことは「自己内対話による自分らしさの追究」ですから，自己の課題に対する自己の考えを練り鍛えようとするときに，多数決の結果や特定の級友に肩代わりしてもらうことはできません。マトリクス図においても，貴重な個々の考えをできるだけ汲み取ることを基本に据えながら，ときには，本授業のように，学級全体の傾向として責任度の軽重を示すことがあってもよいでしょう。しかし，その場合でも，これは便宜的な表現であって，合意形成を志向したものではなく，したがって，個々の考えを無闇に変えたり埋没させたりしないように伝えておかなければなりません。

研究協議会の実況中継

明先生

　本授業では，原文通りに用いて，健二が松尾先生に正直に伝えるため，「一人で職員室へと向かった」というラストまで範読したようですが，教科書によっては，「次の日，健二は昨日のことが気になって，足取りの重いまま，学校へ向かった」で終わっているものもありますね。

智先生

　結末がない教材では，生徒はその後の展開が気になりますから，主体的・積極的に予想・推測します。すると，我が事として推測した場面・行為の中に自己投影した姿がにじみます。その姿の背景にある道徳的価値にスポットを当て，主題のねらいに迫る展開が期待できるのです。

　しかし，結末のある教材が扱いづらいというわけではありません。結末の意味やそこへたどりつくまでの道程を深く考え議論することからも，ねらいへの肉薄はできます。

　また，本当に必要ならば，教材の結末と別の選択をしたときの結末とを比較対照して議論してもよいでしょう。

拓先生

　つまり，物語の結末は，必ずしも道徳的思考の結論ではないということです。

　ましてや，生徒一人一人が人生観・世界観を豊かに築き上げる材料にはなっても，自分らしい人生観・世界観そのものでは決してないということです。

　ですから，結末の有無と教材の良否を固定的・機械的に結びつけず，様々な授業に挑戦する中で，実証的に捉えることが大切ですね。

　きっと，主題のねらい，生徒の心の姿，教材の場面，学級の言語環境，教師や生徒の特性，等のわずかな条件の違いによって，結末の有無と教材の良否との関係が変化することに気づくでしょう。

明先生

　ありがとうございます。ところで，価値認識に関する発問(1)では，生徒発言の中から健二の心理葛藤が明瞭な言葉や，発問(3)の伏線となる「責任」の語を，黒板中央やや右側に板書しました。同じく価値認識に関する発問(2)では，責任を負うべきは他の誰でもなく，自分しかあり得ないという判断・自覚を，健二自身が主体的・自律的に行った事実と対峙するように配置しています。

　最も興味深いのは発問(3)で，三者三様の動機や結果を比較対照し，責任度に対する判断と理由づけについて議論しています。こうしたマトリクス図では，自然な流れとして，状況や人物の違いを比較することになり，生徒自らが頭の中で整理しつつ道徳的思考が深まりますね。

　最後の発問(4)は，「価値認識」から「自己展望」へ移行する発問で，正直・誠実の意義や促進条件を考察して実践力への糧としています。黒板には，１枚目のガラスで失ったものと２枚目のガラスで得たものを黄色で書き，それらをまとめて，正しく誠実に生きるための要素としている点も参考になりました。先生方からも，一言ずつご意見・ご感想をいただけますか。

拓先生

第一に，本授業構想の背景として，また，道徳的思考を練り鍛えるための新たな方向性として，「結果論」と「動機論」を考えているように思われます。

そのことは，具体的な形として，板書にも表現されていますね。

すなわち，物置の天窓を割ったという物質的結果への客観的責任と，猫から雛を守るという意図や動機を重視する主観的責任について，両者の軽重のつけ方や責任のとり方を議論させているところです。

その際，「心のものさし」として，正義感・思いやり・誠実さ等が挙がるように板書を通して導いています。欲をいえば，言葉で表現された結果としての応答だけでなく，その応答の根拠と筋道にもスポットが当たるように配慮したいところでした。

第二に，「割れた２枚のガラスに対する３人の責任の重さをどう考えるか」と問題提起し，三者三様の動機や結果を比較対照し，責任度に対する判断と理由づけについて議論を交わしています。

このような表に整理してまとめていくことで，比較対照が容易になり，したがって，三者の違いを大きくクローズアップすることにつながっています。

ただし，この板書では，登場人物の行為中心にまとめていますが，できることなら，道徳的価値に基づいた根拠を示す方がよりよかったと思います。

智先生

なるほど。今，拓先生がいわれたのは，例えば，１枚目の雄一の責任度について学級全体では「中」程度と判断していますが，授業では，その根拠として「正しい動機からの行動なので責任は軽減する」「ボールを投げずに，大声を出すなどの他の方法を選ぶべき」「とっさのことで冷静に判断する余裕はない」等の発言があったわけですから，その発言の中の価値に関わるキーワードを板書した方がよかったということですね。

拓先生

そうです。「正しい動機からの行動なので責任は軽減する」という意見であれば，「正しい動機→責任軽減」と書くのはどうでしょうか。

後の展開で，さらに深く議論することになったとしても，この表現ならば，議論の出発点として十分に機能すると思います。

また，「ボールを投げずに，大声を出すなどの他の方法を選ぶべき」という意見なら，「ボールと大声では何が違うのか」と追究します。

生徒は「大声でも同じ効果が期待できる」と言うかもしれません。別の生徒は「ボールは具体物なので，ガラスを割るかもしれない」と言ったり，「割れれば弁償させられる」「片づけが面倒」「破片で雛が傷つく」などと言ったりするかもしれません。

こうした道徳的価値に依拠した判断基準を見定めた上で，それを板書するわけです。

最後の発問(4)では，「失ったもの」と「得たもの」を対比的に考えており，多種多様な意見が出ていて興味深いのですが，もし，今述べたような板書の配慮があれば，発問(4)を考えるときに，マトリクス図として板書された道徳的価値を参照することができ，より深く考えられたかもしれないですね。

クロス表に立場表明する

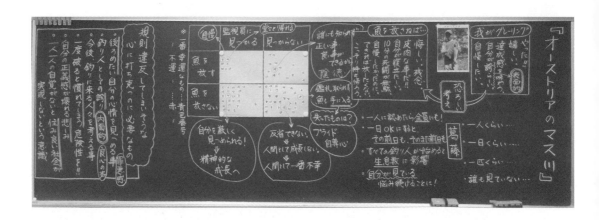

「クロス表に立場表明する」板書のポイント

Point 1　クロス表に立場表明する

　あらすじは「明日が解禁日だというときに見事なグレーリングを釣り上げ，躊躇しながらしぶしぶ水中に解き放つと，草陰で見ていた監視人から『ブラボー』と声をかけられる」というもので，外的強制力に反発する「仲間意識」「なれあい集団」に陥りやすい中学生が遵法への内的推進力を自ら育めるよう，その意義・効用を深く洞察・理解する授業を目指しました。

ねらい：グレーリングを手放した西園寺氏の姿勢や考え方を通して，個人の損得・快不快といった狭い視野からではなく，社会秩序と規律維持，及び一定範囲における自由の相互保障といったより広い観点から，規則の尊重の意義に対する理解と判断力を高める。

発　問：(1)グレーリングを釣ったときの気持ちはどのようなものか。また，恐ろしい考えとは，どのようなものか。

　　　　(2)どんな葛藤があったか。その葛藤で安易に負けてはならないのはどうしてか。

　　　　(3)4場面から一番幸運なものと一番不運なものを選びなさい。また，その理由は何か。

　　　　(4)規則違反してしまいそうな心に打ち克つために必要なものは何か。

クロス表の基本は，２つの項目に対する回答をかけ合わせ，それぞれの枠内に度数や割合を集計するというもので，挙手によって素早く人数把握をし，完成した表から議論に移っていくことも多いと思います。

　ただし，本授業では，自分の出席番号を示したシールを貼りに来させています。学級の実態によりますが，少数の立場だと気後れして手を挙げづらいのに対して，シールやマグネットシートで立場表明する場合には，ある程度，周囲の影響を小さくすることができるでしょう。それに加えて，本授業のこの活動では，「一番幸運なもの」と「一番不運なもの」についての判断を，１つのクロス表で立場表明させているため，人数として整理するのではなく，誰の判断かがわかる状態の方が上策だと判断しました。例えば，「一番幸運なもの」については同じ場面を選んでいるのに，「一番不運なもの」については判断が異なる等，より多くの情報が読み取れるため，生徒の興味・関心も増しますし，授業者の指名の仕方も意図的に行えました。

Point２　理由・根拠づけを発表し議論する

　数直線と同様，クロス表の場合も，立場表明をしたからには，その理由・根拠づけについて深めていくのは必然です。ここでは，便宜的に「発表」と「議論」を区別して，深く考えるということについて触れておこうと思います。

　例えば，本授業では，「魚を放す」「監視人に見つかる」の場面を一番幸運と考えた生徒は，「自分以外の人が目撃しているので，堂々と帰れる」や「自伝として残して自慢になる」といった理由を述べました。一方，それと対照する形で，「魚を放す」「監視員に見つからない」を一番幸運と考えた生徒にも理由を求め，「誰にも知られずに正しいことやよいことができる」との意見を得ました。しかし，まだこれは，個々に考えた理由や根拠の「発表」を終えた段階にすぎません。ここから，両者の意見について，「議論」し合うことが重要です。

　授業では，前者の立場から，「誰かに知られる方が，気分がいいのでは」という疑問が投げかけられましたが，後者の立場は「当たり前のことをして自慢というのは，うぬぼれではないか」「一喜一憂するのではなく，心が落ち着いた，平和な状態というのが幸せじゃないか」といったもので，誰もが納得したのか，それ以上の疑問や意見は出ませんでした。

　もう１つの例を示すと，「魚を放さない」「監視人に見つかる」を一番幸運と考えた理由は，「魚を放さないことを肯定はしませんが，もし悪いことをしたなら，監視人に罰金を払い鑑札を取られた方が自分を厳しく見つめられるので幸せだと思います」でした。これもまだ「発表」の段階であり，その後の「なぜ厳しく見つめられると幸せなんですか」「自分の弱さが見えるので，精神的な成長につながると思います」というぶつかり合いこそがより重要です。なお，授業展開によっては「議論」の後で改めて立場表明することも考えられます。その際，議論の前後でどのように立場が変化したのかを可視化しておけば，その変化を基にさらに議論を展開することで，自己認識を深め，明瞭な自己展望を描く契機が得られるかもしれません。

研究協議会の実況中継

明先生

　西園寺公望の孫・公一のエッセイ集に掲載されている「オーストリアの鱒川」を教材にした授業ですが，全体としてどのような印象をおもちですか。

智先生

　時系列に沿いながらも，道徳的判断力が求められる場面で立ち止まり，生徒の考え議論する過程を経て，幸運・不運という生徒の取り組みやすい普遍的な視点を加えて核心に迫った授業でしたね。また，黒板左端にも書きとめている通り，本授業で追究した道徳的価値について自我関与し，将来の自分の人生の道標・澪標として結実させている点も参考になります。

拓先生

　「人生は決断の連続である」という言葉は人生の真実といえます。一説によれば，細かなものも含めて，人は１日あたり35000回の判断を行っているそうです。判断力・決断力こそが人生を形づくると言っても過言ではないでしょう。

　ところで，道徳的判断力とは，「善悪正邪の基準に照らして，人間の行為を評価する力動的な働き」です。私は，その要点として，①善悪の基準の明瞭化と再構築，②行為の背景にある道徳的価値の意義に対する自覚，③時処位に適した行為の選択力，を考えていますが，本授業では①と②に照準を定めていたと思います。

　また，「判断と判断力」の違いを意識した授業展開もよかった点です。「判断」が思考の結果であるのに対し，「判断力」は結論の確定過程で浮き彫りとなる「理由・根拠」も含んでいます。判断力に焦点化して議論し，価値観を再構築するための出発点に立たせる授業でした。

明先生

　では，もう少し具体的に教えていただきたいと思います。板書の大きな特徴は，自己認識を追求する発問(3)にありそうです。監視人に「見つかる・見つからない」と魚を「放す・放さない」をクロスさせて４つの場面を設定し，一番幸運な場面（青）と一番不運な場面（赤）に，自分の出席番号を書いた青・赤２種類のシールを貼らせ，立場表明をさせています。

　この学習場面は，どのような意味をもっているのでしょうか。

智先生

　教材に描かれているのは，「魚を放し」て「監視人が見ていた」という場面でした。これを様々な人の様々な状況を考えて，４通りの場面に拡張したという発想が面白いですね。そして，一度，生徒に立場表明をさせてから，そう考えた理由・根拠を問うているので，積極的に議論する土俵をつくったといえるでしょう。

明先生

　この授業では具体的に，議論のためにどんな工夫がされていますか。

出席番号のシールを貼ることで，生徒はかなりの緊張感をもって議論が進んだわけですが，特徴的なのは，そのシールから矢印を出して第1次の根拠を示していることです。

　これは，いわば議論の出発点です。そして，その理由・根拠づけに対して，より深く吟味した中身を，さらにそこから矢印をつないで，第2次，第3次の理由・根拠づけを書き加えています。つまり，より深みのある多面的・多角的な見方を書き加えているわけです。

　例えば，「魚を放さず，監視人に見つからない」状況について見てみましょう。

智先生

　当然，多くの生徒が一番幸運と考えるわけですね。その理由は，鑑札を取られることなく，大きなグレーリングを持って帰れるわけですから，こんな結構な話はありません。

　しかし，より深く批判的に吟味するため，得られたものだけでなく，失ったものについても考えている点が参考になります。このような視点は，生徒が互いに議論する中で生まれるに越したことはありませんが，出てこないようであれば，躊躇せず，教師が積極的に追究発問すればよいのです。

　ところで，「魚を放さず，監視人に見つからない」状況を，一番不幸だとした少数意見は重要ですね。

　実際，「反省できないから」という貴重な意見を述べています。さらに，間髪を入れずに，教師は「なぜ，反省できないと不幸なのですか」と追究し，「人間として成長できないし，それは人間として一番不幸だと思うから」との発言を引き出した点は，見習いたいところです。

明先生

　拓先生，何か，板書全体を通して，お気づきの点がありましたら，教えてください。

拓先生

　発問(3)の部分は，確かに本授業の白眉ですね。議論も大変充実した内容になっており，自己展望に関わる発問(4)のやりとりを記した黒板左の発言として結実しています。

　その要因として，もちろん，このクロス表における立場表明は重要なのですが，私はむしろ，この立場表明に至るまでのやりとりにこそ，静かな感動を覚えます。

　すなわち，発問(1)と(2)の価値認識に関するやりとりに，本授業のねらいに肉薄するための伏線を見た思いがするのです。

　まず，黒板右上で，「恐ろしい考え」という矢印でつないで，主人公の心の葛藤，もっといえば，人間なら誰もがもち得る気持ちを共感的に確かめています。

　なおかつ，そのすぐ下で，理性的・悟性的に，規則やルールをやぶることのマイナス面を炙り出しているのです。

　「少しくらい大目に見てもいいじゃないか」という甘い考えとしての「1人くらい，1日くらい，1匹くらい」というものが，なぜ認められないのか。その理由・根拠を論理的に導いて，誰もが納得できる新たな知見や気づきとして，黒板に書きとめています。

　そして，その生徒発言の中のキーワードに当たる箇所に黄色でアンダーラインを引いて，発問(3)で豊かに議論するための「思考の手引き」としているのです。すばらしいと思いました。

座標平面に示した考えを活用する

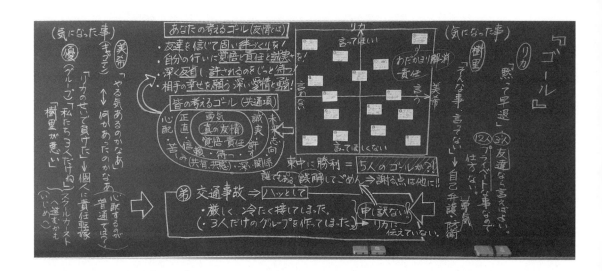

「座標平面に示した考えを活用する」板書のポイント

Point 1　2つの項目を軸にして座標平面をつくる

　本授業は，将来，教職に就こうとする大学生を対象に行ったもので，用いた教材は「ゴール」です。あらすじは，「キャプテンの美希が率いる北中バスケット部は，試合終了直前のリカのシュートが外れて負けてしまう。新人戦を1週間後に控える中，黙ったまま練習を早退するリカに対して，美希，優，はなの3人は，前回の試合もリカのせいで負けたのに，と不満を漏らす。樹里は，リカをかばおうとするが，『じゃあ，負けたのは私たちのせい？』と詰め寄られると，『そんなこと，言ってないじゃない』と答えるしかなかった。その後，美希は，新しくメッセージアプリの3人用グループをつくったり，樹里とリカに別メニューで練習をするよう冷たく言い放ったりしたが，リカの弟が交通事故にあったという事情を知って，『ごめんね，誤解してた』と謝る。新人戦では優勝し，5人は抱き合って喜んだ」というものです。

ねらい：正直に伝えることの友人関係に与える影響を様々な立場から考えることを通して，相
　　　　手への深い信頼や責務に基づいて友情を築こうとする道徳的心情を育む。

発　問：(1)3人で樹里やリカの悪口を言い合っているメッセージアプリの画面を見て，どのようなことを思うか。

(2)気になる箇所にサイドラインを引きながら今日の話を聞き，後ほど発表しよう。

(3)東中に勝って優勝したことが，5人にとってのゴールと考えてよいのか。

(4)3人だけのグループをつくって不満を言い合っていた事実を言わなくてよいのか。

(5)みんなの考える本当のゴールに必要なものは何か。

(6)あなたの考える本当のゴール，真の友情に必要なものは何か。

　本授業では，表面上は互いに謝って友達関係が回復し，それがチームワークにつながって優勝したかに見えるストーリー展開への違和感を掘り起こし，発問(3)を通して，信頼を裏切った行為に蓋をしたままで，信頼関係を基礎に育まれるはずの友情が本当の意味で築けるのか，という難題と向き合うことになりました。そこで，発問(4)では，美希の立場なら正直に言うのか，言わないのかを判断するとともに，リカの立場なら正直に言ってほしいのか，言ってほしくないのかについても判断させました。この2つの判断場面は裏表の関係にあり深くつながっているので，本授業では，それぞれを横軸と縦軸にとって座標平面をつくることとし，付箋紙に自分の出席番号と理由を書いて立場表明させています。なお，連続的な立場表明ができる座標平面ではなく，5段階程度の選択肢から選んで分離的に立場表明する方法も頭をよぎりますが，この場合は5×5＝25個の枠組の中に立場表明することになり，単純化するための選択肢がかえって複雑にしてしまうでしょう。

Point2　立場と理由を基に議論して整理する

　座標平面上に立場表明した後，近くまたは遠くの位置に貼られた付箋紙を1つのグループにし，小集団で議論することも考えられますし，あるいは，座標平面をビデオカメラで拡大映写したり，写真撮影して各自のiPadで見られるようにしたりして，理由に関する情報を共有しながら全体で議論を進めていくことも考えられるところです。

　本授業は，対象が学生15人と少人数でしたので，全員が一言ずつ発表してから全体での議論に移りました。具体的には，例えば「美希なら言う」を選んだ理由として，「まっすぐに生きるラストチャンスに賭けたい」といったものから，「黙ったままでは，自分が一生苦しんでしまう」といったものまであり，さらに「それは自分本位の理由だと思う」や「だから，黙ったまま，一生その十字架を背負うことで，本物の友情は築けるはず」のような意見も生まれました。

　議論の後は整理に入りますが，その方法は多種多様に考えることができます。ここでは，付箋紙や議論の中のキーワードを抜き出しておき，その中から自分が重視したいものに挙手をさせ，支持の多かったものを同心円のより内側に示す形で整理しました。

研究協議会の実況中継

明先生

　この教材では，主題として友情を位置づけていますが，描いている場面は情報モラルに関わります。これは，今日的な課題ということで，道徳科においても扱っていくということですね。

智先生

　学習指導要領でも「生徒の発達の段階や特性等を考慮し」つつ，「情報モラルに関する指導を充実する」必要性が指摘されています。ただし，解説にもあるように，情報社会の倫理，法の理解と遵守，安全への知恵，情報セキュリティ，公共的なネットワークといった内容は，「学校の教育活動全体で取り組むべきもの」である点には留意が必要です。

明先生

　では，具体的に，道徳科ではどのような取扱いになるのでしょうか。

智先生

　技術的な理解や危険回避の具体的な方法を学ぶのではなく，倫理的な考察や遵法精神の涵養といった面に焦点を当てることが中心になります。つまり，情報モラルに関わる現象面の問題の根底にある道徳的価値にスポットを当てて，主体的・協働的に考えを深めていくのです。

明先生

　その道徳的価値とは，例えば，共感や思いやり，法やきまりのもつ意味のときもありますし，本授業の場合でいえば，友情ということになるわけですね。そして，道徳的価値から技術的・方法的な側面の習得に軸足が移ると，特別活動や総合的な学習の時間等が担うのですね。

拓先生

　道徳教育全体としては，社会や環境の改善なども考えていかなければなりませんが，道徳科では，外面的・社会的な課題を超えて，自己の内面的問題として克服しようと思索するところに焦点が結ばれているわけです。したがって，特別活動や総合的な学習の時間の趣旨についても正しく理解し，それぞれの相違点に留意しながら連携し，情報モラルに関する指導を推進することが重要ですね。例えば，中学校の道徳科と特別活動の解説にある言葉を比較すると，道徳科では「人間，価値，価値観，人生，意味，信頼，意志」などが，特別活動では「人間関係，組織，現在，将来，意義，信頼関係，実践，成果，合意形成，意思」などが多く使用されています。このことからも察することができるように，「為すことによって学ぶ」ことで経験を再構成して自己教育力へ変換していく特別活動とは，連携しながらも区別しなければなりません。実際，職場体験やボランティア活動，自然体験等の「体験活動」は，道徳科とも連携を図る必要はありますが，道徳科として体験活動そのものを行うわけではありませんよね。道徳科として扱うとすれば，動作化，役割演技，模擬体験などの「体験的な学習」であり，例えばスキル学習を部分的に取り入れるにしても，スキルの習得が目的ではなく，あくまでも，スキルの意義や意味をより深く実感として把握することが志向されなければなりません。

明先生

　ありがとうございました。改めて，道徳科の趣旨や目標に基づいた授業であるかどうかの自己チェックを心がけたいと思います。本授業については，そのような意味から見たとき，友情という価値に焦点が合っており，道徳科の授業として成立していると考えられるのですね。

智先生

　そうです。本授業では，導入段階としての発問(1)で，スマートフォン画面のやりとりについて考えておき，その後は，情報モラルの問題に端を発した友情という道徳的価値について深く掘り下げました。
　授業者としては，教材の結末段階を真の友情とは思えず，そこに深く切り込むには，情報モラルに費やす時間的な余裕はない，との判断があったようです。
　もちろん，教材にある3種類のスマートフォン画面を全て活用した授業展開も考えられるところですが。
　ところで，明先生は，この授業をどのように評価しましたか。

明先生

　やはり，一番わかりやすい特徴は，座標平面上に立場表明した点だと思います。
　また，教材名の「ゴール」を三度板書しています。
　1回目は，東中に勝利したことがゴールなのか，という場面で，2回目は「皆の考えるゴール」，3回目は「あなたの考えるゴール」の場面で示され，徐々にゴールの内容が深まっていく点も，本授業の特徴であり，勉強になりました。

拓先生

　座標平面上へ立場表明させる場合は，その後の議論や整理の方法とセットで考えておく必要がありますね。
　一般的には，座標平面上で近接している生徒の理由について共通点や相違点はあるのか，それを上下や左右に分けてみたとき，どのような特徴が認められるか，あるいは対角線上に立場表明した生徒の理由を比べたときに何がいえるのか，等の切り口から議論して，全体的な理由を学級で共有しておきたいものです。
　それを踏まえて，生徒一人一人が自分の感心したことや疑問に思ったこと，新たに考えたいこと等を絞り込んだ上で，ペアワークで交流します。ペアワークも，慣れない間は，例えば①意見交換，②「でも，それだったら……」と質問，③質問に対して自分の意見を練り直して答える，といった流れで進めるとよいでしょう。そして，ペアワークの後は，改めて立場表明し直すのもよいかもしれませんね。
　なお，明先生も指摘された通り，「皆の考えるゴール」でとどまらず，それを参照しながらも，最終的には「あなたの考えるゴール」を自分の体験・経験に基づいて考えている点は重要なところです。「合意形成」を目的としない道徳科の趣旨をよく理解している授業展開でしたね。

面積図で関連の大きさ・深さを表現する

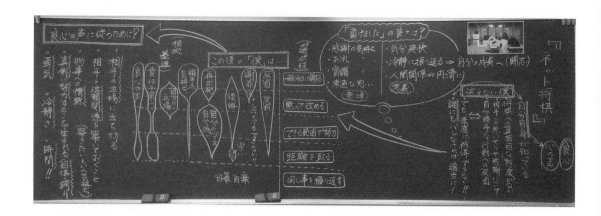

「面積図で関連の大きさ・深さを表現する」板書のポイント

Point1　面積図の役割を明確にする

　これは，72ページで扱った「ネット将棋」を改めて用いたものですが，発問が違います。

ねらい：良心の声を強くするための促進条件を熟慮し，自己の真実の面目を貫くための道徳的
　　　　判断力を培う。

発　問：(1)敏和のツッコミに笑えなかった「僕」は何を考えたか。

　　　　(2)「負けました」と明確に言うことのよさは何か。

　　　　(3)この後の「僕」がとり得る行為を挙げ，それは何を大事にした行為かを考えよう。

　　　　(4)良心の声に従うためには，何が必要か。

　まず，「価値認識」を促す意図から，発問(1)を通して，黒板右下で「笑えない僕」が葛藤している心の姿を読み解いています。主人公の「僕」は，何が正しいのかをすでに認識してはいるものの，一方では，自分の弱さや醜さと対峙することの難しさも垣間見えます。これらを双方向の矢印で対比的に表現したわけです。

　そこから上昇気流に乗るごとく，黒板中央に向かって矢印を描き，その際必要な「負けまし

た」の言葉のよさについて板書しました。このとき，「負けました」の意味と意義に関する発言が見られたため，区別して板書しています。生徒への言葉かけも，最初に発言した生徒の「感謝の気持ちを伝えて，互いに気分爽快になれる」に対して，「今の発言は，『負けました』に込められた気持ちと，その結果どんな効果が生まれるのか，という２点について触れていましたね」と評価することで，それ以降に発言する生徒への間接的なメッセージにもなりました。そして，さらなる上昇気流への原動力としての「面積図」があり，その面積図にもう一歩ステップアップすることをイメージした矢印を書き加えて，黒板の左端につないでいます。最後の発問(4)は，「良心の声を大きくし，それに従って誠実に行動していく上で，今の自分にとって最も必要なことは何か」と問うことを通して，「自己展望」のための方針を具体的にもたせようとしたものです。時間的な余裕があれば，例えば「相手との信頼関係を築いておく」との発言を受けて，「信頼関係を築くためには，何が必要か」と追求し，さらに具体的な中身や体験・経験談も交えた語り合いを組織できれば，よりよい授業となったでしょう。

　以上のことから，本授業における「面積図」には，「価値認識」と「自己展望」をつなぐ「自己認識」の役割があり，学級全体の傾向を姿見にしながら，人間としての自己の生き方を再構築するための原材料としての自己の考え方・捉え方を直視しようとしたものだといえるのです。

Point2　面積図のつくり方と留意点を押さえる

　本授業の面積図では，物語のその後の展開を考えさせ，その行為は何を大切にしたものかをいくつか箇条書きでメモするように指示し，あわせて，板書中央部に５つの選択肢を書きました。続いて，生徒がメモした「反省」「謝罪」「後悔」等と５つの選択肢との関連度を考えさせ，その程度を「挙手・机に肘をつけて挙手・挙手しない」の３段階で意思表示し，学級全体の傾向を面積の大小で表現していきます。具体的には，はじめは，「謝罪」の気持ちは，"敏和に謝る"行為のみに関連する，とほとんどの生徒が考えましたが，その直後に，謝罪の気持ちは十分あるが，実際にはしたくてもできないのが人間だ，との意見も出され，この意見は，一定数の生徒の共感と支持を得ました。「謝罪」のエリアをわずかに「黙って改める」という領域にまで広げたのは，その意味です。いずれにしても，黒板では便宜上，学級の平均的な傾向が示され，一方，生徒一人一人のワークシートには，自分の考えに基づく個々の図が描かれています。そこで重要なのは，個性あふれる自己の考えを学級全体に埋没させず，学級の平均的な傾向と自己の考えとの異同を出発点にして，主題である「誠実」を基にして，自己認識を深めていくことです。すなわち，「他の道徳的価値が，他者から容易に現認され得るのに対し，誠実だけは，自己の良心の声に忠実であることが要請されるため，真に誠実かどうかは，本人自身にしかわかりようがない」という誠実の固有性に基づきながら，自己の内面を整理し，新しい問題を発見するということです。

研究協議会の実況中継

明先生

文部科学省の『中学校道徳　読み物資料集』の展開例では，次の発問①～③で「誠実」に迫ろうとしています。

この発問と本授業の違いも踏まえて，板書についてのご感想をお聞かせください。

①一手一手に考え込んでいるふりをして，徹底的に時間稼ぎをしている僕はどんなことを考えているのだろう。

②どう考えて，僕はネット将棋でいきなりログアウトしたのだろうか。

③敏和のツッコミに明子と智子は笑ったが，僕が笑えなかったのは，どんなことを考えているからだろう。

拓先生

まず，誠実についてですが，これは，時間的にも空間的にも内面的な自己の面目を貫くことから出発します。

内奥に響く良心の声に忠実であって初めて，いつでもどこでも，誰に対しても自己の言動が終始一貫するわけです。

必然的に，常態としての勇気や明るさ，自主性・自律性や責任感が発揮されることになります。

さて，この誠実を主題にした「ネット将棋」という教材の作成過程では，明確な起承転結に基づいたプロットを考えました。

「起」は道徳的課題が生ずる場面，「承」は迷いや悩み等の葛藤場面，「転」は熟慮して心が変容する場面，「結」は実際に行為に移した場面です。

結局，四度の改作の結果，「結」の場面は省かれましたが，こうした起承転結の明瞭な教材では，「転」の場面に切り込んで「価値認識」を深めていくことが重要です。

実際，文部科学省冊子の発問③が，「転」の場面を深めていく性質のものとなっています。

その発問でより深く考えるために，発問①と②で「僕」の悔しく残念な想いを捉えています。教職経験の少ない先生方でも大きな失敗をせずにすみますから，安定した授業実践への有効な発問群だといえます。

一方，本授業の発問群では，文部科学省冊子に示された発問③に当たる発問(1)から口火を切っています。

そして，「笑えない僕」について，深く反省した理由づけと未だ納得していない理由づけとを双方向の矢印で対比させました。

また，「誰にもばれない」ことと「自分自身が知っている」ことについても，黄色の双方向の矢印でつないで対比させています。

価値認識を深める発問(2)では，生徒の発言内容を，「負けました」の意味と意義に分類して書き分けている点にも，工夫の跡が感じられます。

そして，これらは長い矢印の中間部から吹きだしの形で示されており，この「負けました」のよさを踏まえて，その後の「僕」の行為としてどのような選択肢があるのかを考えさせています。

起承転結の「結」がないことを逆手にとって，教材に描かれていないその後の展開を考えさせたのですね。

推測した場面の中に自己投影した姿を読み取るという手法を導入し，「自己認識」を深めようとした，ということでしょうか。

智先生

その通りです。具体的には，縦軸に行為の種類を，横軸に行為の根拠・基準を板書し，その関連度を，挙手した生徒数を面積に変換して示したところが，大変ユニークです。

こうした創造的な工夫は，生徒にとって大きな刺激となりますね。

拓先生

生徒にとっても刺激的ですが，私自身も大きな興味を覚えました。とりわけ，この面積図をつくっていく際の議論として印象深かったのは，「後悔」の度合いが深刻なほどに深ければ「距離をとる」以外に道はない，との意見に一定の賛同が得られたことです。

もともと，「後悔」を示す面積図は，下の方が先細りしていました。

つまり，「後悔している人は距離をとる」と考えた生徒は２人だけだったのです。

ところが，授業者がその１人をあてて理由を尋ねると，「あわせる顔がない」と答えるのです。すると，周囲の生徒からも「確かに恥ずかしいよな」という声が漏れ聞こえ，改めて挙手させてみたところ，板書写真のようなふくらみが生まれたというわけなのです。

智先生

それは，よい話を聞かせてもらいましたね。

今回の面積図は，表層の目新しさに興味を抱いてその形式をまねるのも悪くないのですが，本当にまねてほしいのは実質の方であり，今，智先生が話された，作成のプロセスにおける興味深い議論こそが大切ですね。

拓先生

面積図を学級で作成していくプロセスはある程度わかりましたが，作成後は，どのように進められたのでしょうか。

板書ではわかりづらいところを，補足していただけませんか。

明先生

例えば，ある生徒の「責任を負う」を示す面積図は，「黙って改める」の部分が大きく，「敏和に謝る」と「距離をとる」でやや小さく，「できる範囲で努力」はかなり小さい，というものでした。

その生徒は，「黒板の面積図は，『敏和に謝る』の部分が大きくなっていますが，私の考えはちょっと違います。私もどこかのタイミングで謝りたいけど，私はこの出来事を深刻に受け止めてしまうので，もう少し時間をかけて，自分のことを見つめてからでないとできません。逆に，『距離をとる』の面積も大きくなっていますが，こちらの方はよく理解できます」と発表し，さらに発問(4)では，「冷静に自分を見つめる時間を大切にしたい」と発言しました。

智先生

なるほど。自分の面積図と板書の面積図を比べて，納得できる点やできない点，さらにその理由などを発表し合い，新しい自分や課題を発見して，自己展望への条件につなげたのですね。

明先生

天秤図で価値認識を深める

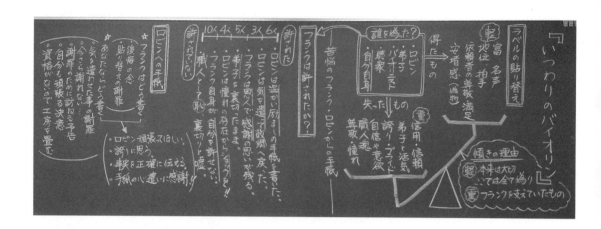

「天秤図で価値認識を深める」板書のポイント

Point 1　2つの観点から整理したものについて重みづけをする

　本授業は，教材「いつわりのバイオリン」を用いたもので，あらすじは「著名なバイオリニストの要望に応えるべく，情熱あふれる職人フランクは懸命にバイオリンづくりに打ち込むが，期日に間に合わず，弟子ロビンの作品のラベルを自分のものに貼り替えて渡してしまう。苦悩するフランクの工房は生気を失い，弟子たちは離れていく。ある日，ロビンから温かい励ましの手紙が届き，フランクは涙する」というものです。ねらいと主な発問は，次の通りです。

ねらい：葛藤と苦悩の中にいるフランクの心の安寧を求める姿を通して，良心の声に耳を傾け
　　　　誠実に行動しようとする道徳的実践意欲を育てる。
発　問：(1)ラベルの貼り替えで，誰を偽ったのか。それで得たものと失ったものは何か。
　　　　(2)結局，フランクは許されたと考えるか。また，その理由は何か。
　　　　(3)ロビンへの返信を，Ａ「フランクなら」，Ｂ「あなたなら」どう書くか。

　発問(1)(2)(3)は，それぞれ「価値認識」「自己認識」「自己展望」と深く関わっていますが，本授業では，価値認識の場面で，対極にある「得たもの・失ったもの」を深く考え議論して，そ

の結果を「天秤図」として表現しました。価値の軽重を視覚的に捉えることで，その後の授業展開に向けての明瞭な基点を得ることができたのです。

ところで，価値観は，よりよく生きるための知恵の総体であり，人間観・人生観といってもよいものです。例えるなら，価値の全体像を鳥瞰した立体地図です。価値観の立体地図は，諸々の価値を平面的に羅列したものではなく，生活経験に基づく具体的・個人的内容の影響も受けながら，価値相互の関連や高低・遠近・難易の序列を一定程度つけたものです。

本授業の「天秤図」では，道徳的価値ではない価値も天秤に乗っていますが，いずれにしても，学級全体の賛同を得た上で一方に重みづけをしました。ただし，意見が割れると予想できる場合には，天秤に乗せる内容を画用紙に書いていくことをおすすめします。画用紙ならば動かせますから，生徒の挙手等の多少によって天秤の傾き加減を微調整することが容易です。

Point2　天秤図を示すタイミングを考える

「いつわりのバイオリン」の場合は，はじめは「得たもの・失ったもの」は同じ程度に重いと考える生徒が半数程度いたため，天秤図にはせずに議論を尽くすことにしました。そして，「職人フランクの内面を支えたもの」といった視点から吟味することで，次第に「失ったもの」の方がはるかに重要だという考えに全体が傾き，そこでようやく，天秤図の形で表現したのです。

一方，下の板書写真は，それとは対照的です。これは，小学2年生の教材「がんばれアヌーラ」を用いた中学生への授業ですが，生徒の発言にあった「自己犠牲」「命」「絆」「友情」「愛」というキーワードを用いて，「アヌーラは，自己犠牲の大変さより，命・絆・友情・愛の方を選んだわけですね。なぜ，命・絆・友情・愛の方が重いのですか」と発問しています。そして，それと同じタイミングで天秤図にして表現しました。生徒が，この図を見つめながら，天秤が傾いている理由について考え議論していけるように授業構想したのです。

このように，考え議論した後で天秤図に示す場合もあれば，天秤図を示してから考え議論する場合もあるわけです。あるいは，意見が割れるときは「右に傾いた図・水平を保った図・左に傾いた図」を並べて示し，それぞれの天秤図を支持するグループ同士で質問や意見を交わし合うこともあるでしょう。常に，天秤図を示すタイミングに心を配る必要があります。

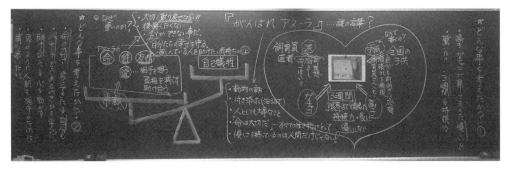

研究協議会の実況中継

明先生

　この板書は，個人的には「天秤図」が目を引きますが，先生方はどうご覧になりましたか。

拓先生

　私は，第一感，「フランクの涙の意味」も問うてみたい気がしましたが，本授業における3つの発問からも，また新たな授業を紡ぎ出せることを教えてもらったように思います。
　ところで，明先生が注目している「天秤図」では，十分な板書計画を立てて臨んでいることが察せられます。何気なく，失ったものは足元に捨てるかのように下方に書き，得たものは高い位置に書いているかのようでいて，その実，追究発問「得たものと失ったものでは，どちらが重要か」をあらかじめ準備していますね。しかも様々な仕掛けが見え隠れします。智先生は，この辺りのやりとりをどのように受け止めておられますか。

智先生

　確かに拓先生のおっしゃる通りで，授業者に個人的にうかがってみますと，やはり授業は緻密に準備されていたようです。具体的には，はじめ多くの生徒は，得たものも失ったものも同じ程度であると判断していました。それに対して，先生は「それじゃあ，プラスマイナスゼロだから，そこまで深く悩む必要はないね」と，さらなる思考の深まりを促す発言をされていました。

明先生

　なるほど。しかし，もしそれでも，得たものが偽りであるという視点が出なければ，軽重がつかず，天秤図を描くことにつながりません。その場合は，どうすればよいのでしょうか。

拓先生

　この天秤図を導く方向で展開するならば，例えば「名声」という発言があるわけですから，「どのような名声ですか」と中身を問うのも一案です。「素晴らしい名器をつくり出す腕」と答えれば，すかさず，「じゃあ，世間はほっとかないね。ということは，次に何が起きるだろうか」とさらに問うことで，「この名声はいずれ地に落ちる」という思考にたどりつくかもしれません。
　もう1つは，天秤図にこだわらない道です。大切なのは，次の発問(2)の立場表明における根拠の伏線を張っておくことです。例えば，「得たものと失ったものがいろいろ出たけれど，挙がったものの性質を比べると何が違うのですか」と方針転換するのも一案でしょう。この問いであれば，得たものは主に「自分の目が自己の外面」に向いているのに対し，失ったものは主に「自分の目が自己の内面」に向けられているといった性質に気づく可能性はあるでしょうね。

明先生

　ありがとうございました。僕では，なかなかとっさに対応できませんので，改めて十分に追究発問を練っておきたいと思います。その他に，何かつけ加えることはありませんか。

細かなことかもしれませんが，天秤図の前段として「誰を偽ったのか」についての発言を，黒板中央やや右の位置から書き始めています。

　これで，発問(2)の「フランクは許されたのか」に向かう矢印が短くてすみました。

　板書が簡潔明瞭となり，思考が攪乱されずにねらいに向かって凝集することを容易にしてくれます。

　また，この矢印では，始点に「原因」，終点に「結果」が示されていますが，矢印の真下の縦一行分が空いたことで，そこに矢印の内部に込められた時間変化に伴う経緯を「苦悩のフランク・ロビンからの手紙」という言葉にして書き出すことができました。よく考えられた板書設計です。

　ところで，本授業の本当の独自性は，板書上は目立ちませんが，やはり発問(3)にあるといえるでしょう。

　1つの授業で，A・Bの両方を問うのはめずらしいのですが，ときには試みても面白いかもしれません。

　特に，2つの発問それぞれの長短が見えてくる場合は，積極的に投げかけ，両者の違いについて，さらに議論を深めていくことができるでしょう。

　智先生は，授業者から直接情報を手に入れられていますから，この発問(3)のAとBについて補足してもらえますか。

　4割超の生徒は，AとBで異なる反応があったようです。具体的には，Aでは，「心配しないでほしい」「返金したい」「この過ちを忘れない」等，人間として最低限伝えておくべき事柄を優先した意見が際立っており，主人公の「当為」を中心に考察した結果だと考えられます。

　一方，Bでは，「豊かな音色のバイオリンと次世代の職人を生んでほしい」「自分も初心にかえって素晴らしいバイオリンづくりに励む」「職人の資格がないので工房は畳み，新たな一歩を踏み出す」等，将来を展望した言及が多数認められた点が特徴的で，様々な生活条件や個人的な志向性に基づいて「事実」としての見解を表明していた，とのことです。

　本授業では，「あなたなら」と問うことの効果が発揮されたということですね。

　平成27年8月の中央教育審議会の「教育課程企画特別部会　論点整理」も後押ししているように，「あなたならどのように考え，行動・実践するか」を真正面から問うことを忌避する必要はありません。ただ，善悪の明確な場面や学級の状態と類似していて答えづらい場面などで，無理に問う必要はありませんが。

　サン＝テグジュペリは『人間の大地』で「愛するとは，互いに向き合うことではなく，共に同じ方向を見ることである」と述べましたが，発問A・Bを通じての議論も，共に同じ方向としての「自己展望」を目指している点に留意し，両者の異同を把握した上で相互補完させ，豊かで自由な道徳科授業を柔軟に構築したいものですね。

写真の情報を跳躍板にする

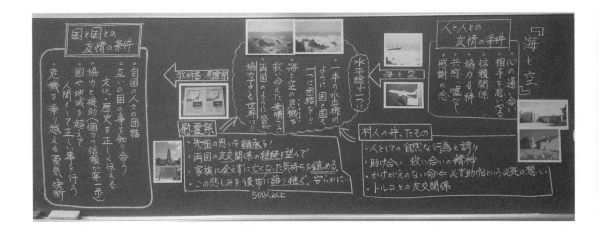

「写真の情報を跳躍板にする」板書のポイント

Point 1　写真提示の場面と目的を意識する

　教材「海と空」は，1890年9月，エルトゥールル号の海難事故でトルコ人69名を救出（犠牲者500名以上）した樫野の人々と，1985年，イラン・イラク戦争の際にテヘラン空港に残された216名の邦人を救出したトルコ政府の決断の背景にあるものに想いを馳せながら，「私」が樫野の海と空が水平線で1つになっている景色を見つめる，という話です。

ねらい：自己犠牲を厭わない同じ人間としての相互扶助と，二国間の温かな交流と正しい相互
　　　　理解の重要性に気づき，国際的な友好関係の基礎を培おうとする道徳的心情を育む。
発　問：(1)人と人との間に友情を築くためには何が必要か。
　　　　(2)一晩中トルコ人を温め続け，また，様々な食料・物資を提供した樫野の人々がこれ
　　　　　　らの行為によって守り抜いたものは何か。
　　　　(3)慰霊祭には，人々のどのような気持ちが込められているか。
　　　　(4)海と空が水平線で1つになるのを見て，「私」は何に想いを馳せていたのだろうか。
　　　　(5)国と国との間に友情を築く上で，何を大切にしておく必要があるだろうか。

発問(1)は導入で投げかけ，その後の範読の際に，黒板右端の2枚の写真を貼りました。上は，串本町の紀伊大島にあるトルコ記念館，下は，樫野埼灯台と旧官舎の写真です。この灯台の光は，漂流する者に陸地を教え，旧官舎は，事故直後から救助の拠点となった，という情報を伝え，実話の世界に引き込む工夫をしました。

　次に，船甲羅に座礁したエルトゥールル号と，1985年のイラン・イラク戦争の際にイランの邦人を救出してくれたターキッシュ・エアラインズのDC-10型機を復刻した「KUSHIMOTO号」の写真を上下に貼り，海と空の出来事の深い結びつきを象徴的に表現しました。

　発問(3)では慰霊碑の写真を示し，1891年に和歌山県知事をはじめ，有志の義金で墓碑と慰霊碑が建立されるとともに，1937年には，トルコ共和国の資金で新たな慰霊碑が建立され，今も5年ごとの慰霊式典が続いていることを伝えました。さらに，トルコの教科書とその日本語訳の写真を貼り，今でもトルコの学校では，この事件と顛末を丁寧に教えており，ある調査では8割ほどの国民が知っている，という情報も提供して，発問(5)を考える材料としました。

　発問(5)の後の終末では，船甲羅岩礁帯の様子を，台風と普段の日の写真を並べて提示しました。台風時の暗い雨雲と荒れ狂う波濤の写真は，エルトゥールル号の遭難という過去の悲惨な事故を想起させ，苦難や危機の象徴という意味合いがあります。一方，普段の穏やかな海の写真は，現在の日本とトルコ両国の温かな友好関係をイメージさせます。そして，この2枚の写真を見つめながら，過去から現在へ脈々と受け継がれる日本とトルコの友情に思いを馳せながら，本時の感想を書かせました。

Point2　写真の説明を簡潔に行う

　写真の提示は，読み物教材だけでは捉えきれない臨場感を生む効果がありますが，あくまでも授業のねらいに迫ることが目的ですから，冗長な説明は禁物です。

　例えば，「石段の思い出」の授業で用いた上の写真では「これが，舞台となった湯島天神の男坂です。たった38段しかなく，石段の思い出はほんの2～3分の出来事だったのではないでしょうか」とだけ説明し，また，「『稲むらの火』余話」の授業で用いた下の写真では，「稲むらというのは，こういうものです。刈りとった稲の束を乾燥させるために野外に積み上げたもので，大変貴重なものです。しかし，梧陵は，十余りの稲むらに火を放ったのです」と20秒ほどの解説をしました。

　このように，写真によってイメージをふくらませるとともに，考え議論する際の糧となる情報を簡明に提供するのです。

研究協議会の実況中継

明先生

　まず，特徴的なのは，自己認識の発問(1)と，自己認識から自己展望に関わっての発問(5)の両者を比較対照し，人間同士の友情と国家間の友情との異同を確かめようとしている点です。

　板書の位置も，それぞれを黒板の両端に書きつつ，その間の空間が，授業内に議論された価値認識に関するやりとりで埋め尽くされています。

　また，「友好」と書けば，「友人としての親しい交わり，仲のよいつきあい」の意味になりますが，展開段階では一貫して「友交」と書き，生徒にも「単なる交わり，つきあい」の意味を意識させていました。

　結果として，「友交」を深く親しい状態としての「友好」にするための秘密を探る方向で考えを深めることができ，発問(5)のやりとりに結びついたと思います。

智先生

　そのようないわば「Before」「After」を明示していくという板書技法は，評価の観点からも重視されてよいですね。

　道徳性が数値などによる評価にはなじまず，その特質として，内熟して中長期的に開花するのを期待し待望するという側面をもっているのは言うまでもありません。

　しかし今後は，認知的側面に関しては，評価全体の一部分として評価していく必要があります。

　そうした視点からも，授業を通じて何が再認識されたのか，道徳的価値がどのように再構築されたのか，といった事柄に留意していかなければならないと思います。

　それから，本授業では，発問(1)と(5)で答えた生徒が異なりますが，同じ生徒を指名してもよいでしょう。

　授業内における彼らの成長や，価値発見・自己発見の様子を指導者がつかんだり，生徒自身が自己評価したりする上で効果がありそうです。

拓先生

　確かに，理想的には，そうありたいと思います。

　しかし，現実は，たまたま授業序盤に指名した複数の生徒の全員が全員，授業を通して大きく意識が変容しているとは限りません。

　ですから，きっちりと確かな変容が起きていることを見取ってから指名する必要があるのです。

　もし，あまり変容していない生徒が1人でもいた場合，授業終盤に他の生徒は指名したけれども，その生徒だけ当てない，というのは極めて不自然に映りますね。

　しかし，全体の場でその生徒に恥をかかせるわけにはいきませんから，その生徒は当てづらいわけです。

　したがって，その場合は，他の生徒を指名するのも見合わせるべきでしょう。

　もっとも，そうなった責任の大半は指導者自身が負うべきものですから，授業評価を通して授業改善していくことが，強く要請されるでしょうね。

なるほど。道徳科では，一人一人を認め励ます大くくりの個人内評価を行っていくことになりますが，授業中においても，認め励ましていくことをベースにした細心の注意を払っておかなければならないわけですね。

ところで，この板書は8枚の写真が使用されているのもひとつの特徴となっていますが，これらは全て授業者が撮影したものだと聞いています。写真を通して教材本文にはない情報も提示し，ねらいに迫るより深い思考を促しています。現地調査した効果ですね。

やはり，現地調査をしていると，教材の背景を丁寧に理解できますから，より豊かな授業にできる可能性が広がりますね。

ただし，道徳的価値の自覚という観点に焦点が定まらず，観光案内や歴史案内に傾かないように注意が必要です。

さて，本板書では，8枚の写真を用いています。一般的にいえば，少し多めの枚数であり，現地調査をしたがために，その側面に力が入りすぎたかのように映るかもしれません。

しかし，実際には，授業場面に応じた写真提示の意図が見て取れ，非常にうまく使い分けています。写真提示の見本市ですね。

すなわち，導入で，物語の舞台となった樫野を紹介しつつ黒板右端の2枚を提示し，「価値認識」場面では，教材が描く場面の理解を促進する目的で，黒板中央やや右の2枚を提示しています。

さらに，「自己認識」場面で，ねらいに肉薄するために必要不可欠な情報として，「トルコの教科書」と「慰霊碑」の写真を提示し，最後の「自己展望」場面では，余韻や情景に浸らせながら「秘かなる決意」をする目的で，台風の日と穏やかな日の2枚の海の写真を並べ，その空と海が水平線で1つになるという本時のねらいを象徴する構図にもなっています。

このように，それぞれの写真提示の趣旨・目的が明瞭である場合は，価値が高いですね。

なるほど。今のご指摘は，考え議論していく上で効果のある写真と情報を提示できる写真を厳選して用いたいということですね。

具体的に1つ挙げるとすれば，例えば，慰霊祭の写真の効果で「後世に語り継ぐ」という発言が，そして，それと教科書の写真との相乗効果で「歴史を正しく伝える」という発言が生まれたと考えることができます。

また，終末の感想には，「海と空の各々の困難を救い合ったことが素敵だが，もっと素晴らしいのは，重要な出来事として歴史に刻んだことで，それが1つになった水平線のように国と国を結びつけたんだと思います」等も見られ，写真の効果が随所に出ています。

このような効果を発揮するものとして，これまでの僕は，文字で書かれた補助教材や地図やグラフ，統計資料といったものを使ったことはありましたが，読んだり解釈したりするのに時間がかかることが多くありました。

しかし，この授業の写真の提示は，いずれも数十秒で説明まで終えており，テンポよく進められていたのが印象に残ります。今後は，写真も補助教材の1つとして活用できるよう，認識を新たにしたいと思います。

文図・絵図の流れに乗って思考を深める

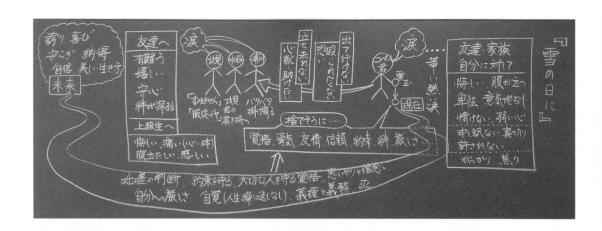

「文図・絵図の流れに乗って思考を深める」板書のポイント

Point 1　ストーリー展開を踏まえて表現する

　本教材の原文は，吉野源三郎の『君たちはどう生きるか』にある「雪の日の出来事」であり，56ページの「石段の思い出」のエピソードへつながっていきます。主人公のコペル君は，立ちすくんだまま，固い約束を交わし合った北見君，水谷君，浦川君が上級生たちから殴られるのを，少し離れた場所から，ただただ見ていることしかできなかった，という話です。

ねらい：コペル君の行動や苦悩・葛藤を通して，誰もが人間としての弱さをもっていることを
　　　　認めつつも，それを乗り越えていこうとする道徳的態度を育む。

発　問：(1)「出て行くことも，立ち去ることもできない」コペル君はどんな気持ちか。

　　　　(2)コペル君が，雪の玉と一緒に捨て去ろうとしているものは何か。

　　　　(3)上級生が去った後の北見君，水谷君，浦川君が流した涙の意味は何か。

　　　　(4)コペル君の目にあふれた「苦しい，熱い涙」に詰まっていたものは何か。

　　　　(5)このような涙を流したコペル君は，今後，自分の弱さに打ち克って，どんな未来を
　　　　　目指すだろうか。また，そのためには，何を大切にしていくと思うか。

この話には，コペル君とその親友である北見君，水谷君，浦川君，そして，上級生の黒川とその仲間，さらには下級生が登場しますが，板書を概観しますと，コペル君と北見君，水谷君，浦川君のみが，簡略図として示されているだけです。

　上級生の黒川の図くらいは示してもよいかもしれませんが，黒川は道徳的な問題を生むきっかけをつくった中心人物ではありますが，その問題の背景に横たわる道徳的価値を追究する上で重要とはいえません。むしろ，コペル君と北見君，水谷君，浦川君の４人だけに照準を定めた方が，より人間らしい気高い生き方に深く迫れるだろうとの判断のもと，本授業では，この４人に絞って略図で示しました。

　また，ストーリー展開を踏まえ，コペル君が手にしていた雪の玉をそっと捨てた重要場面についても，黒板に図示することにしました。さらに，北見君たち３人の涙とコペル君の涙についても，主題のねらいに肉薄するキーワードの１つと考え，涙という漢字を雲枠で囲って目立つように板書しています。

　このように，ストーリー展開上の重要場面やキーワードを，文字ではない絵図で表現したり，あるいは，絵ではなく文字を使って要点を整理する文図にしたりして，視覚的な側面から生徒の理解を助けるわけです。私の経験では，文章量や登場人物が多い教材，場面展開が速くキーワードがいくつも出てくるような場合に，特に大きな効果を発揮するように思います。

Point2　授業展開を踏まえて表現する

　道徳科では，ストーリー展開を読解して理解するのではなく，教材が描く世界に埋め込まれた道徳的価値を浮き彫りにする必要があります。したがって，ストーリー展開を図的に表現するだけでは不十分で，主題のねらいに肉薄するプロセス，すなわち授業展開を踏まえた文図・絵図の意味合いも加味しなければなりません。具体的には，発問構成と連動させるということです。それにより，どの位置に何を板書すればよいのかがより明確になってきます。本授業の場合でいいますと，発問(1)でのコペル君は，①「自己完結的な思い」と②「親友に向かっての思い」との間で葛藤しているわけですから，これらは，コペル君と３人との間に板書すべきで，しかも，①はコペル君と，②は３人と近接するように示したい，ということまで明瞭になるというわけです。また，発問(3)と(4)は，対になっていますから，板書においても対比的に見えるような工夫が必要で，キーワードとしての「涙」やその涙の「中身」が，黒板の同じ高さになるよう同じ種類の枠線で囲んで示しています。さらに，発問(5)は，主人公のコペル君に自我関与し，克服条件を考えながら自己展望を描く場面ですが，黒板では，現在から未来に向けての道筋を絵図にして示し，その道程に必要なものを考える支援をしています。

　以上のように，授業展開・発問構成の流れにも十分に留意し，主題のねらいに迫っていく各ステージの役割や全体のつながりを視覚的に明確化することで，少しでも広く深く考え議論することができるように心がけたいと思います。

研究協議会の実況中継

明先生

「勇ましき友」というエピソードを読みますと，浦川君は，学級の中でからかわれていたんですね。そんな境遇の浦川君が，北見君を守るために水谷君と一緒に前に進み出ています。僕は，初めて読んだ中学時代，浦川君に比べてコペル君はなんてだらしない人間かと思いました。

しかし，今は，少し違う見方なのです。もちろん，道義的に正しいことは理解していますし，大切な人・愛する人を自分の命と引き換えにしてでも救いたいと考えることもあります。しかし，実際そのような場面になったら，ひょっとするとできないかもしれないという不安が胸をかすめるのです。何のためらいもなく行える人は，もはや「英雄」ではないでしょうか。

拓先生

「自分はこう思っていたのに，いざとなると思わぬ方向へ進んでしまっている」といったことは誰もが経験することであり，「人間の業・性」とでもいうべきものですよね。

したがって，人間の心の闇に潜む欠点やもろさ・醜さに対して，単純に目を背けたり毛嫌いしたりして忌避するのではなく，何人も人間としての弱さを抱えて生きているという真実を，一旦直視し理解した上で，しかしなお，それに，もどかしさを感じながら，悩み，苦しみ，葛藤して，それを克服しようとするところに，人間としての輝きと誇りを見出すことができればと思います。

誰もがいつコペル君の立場に立たされるとも限らないということを静かに見つめ，単なるコペル君の弱点・欠点・あら探しではなく，その心の底を共感的に捉えさせたいものです。

しかし一方で，「人生にはやり直しがきかないことも多い」という点にも目を向けさせたいのです。そして，コペル君が苦悩し葛藤する姿を通して，人間のもつ弱さを乗り越えていくのに必要な要素について熟慮させたいと思います。私見ですが，その要素の1つは，熟慮断行を本質とする「勇気」というよりも，むしろ「とっさ」の判断・行動を左右する日常的な「生き方」「覚悟」であるような気がします。しかし，これに関しては多様な意見が出ると思われ，柔軟で温かな対応が要請されるでしょうね。

明先生

本当にそうですね。ますます，コペル君を応援したくなってきました。ところで，本授業の板書は，視覚に訴える図的な表現が全面に見られますが，どこに着目されていますか。

智先生

まず，明先生も指摘された視覚に訴える文図・絵図となっていますので，見ればすぐに「雪の日に」の授業だとわかりますし，どのような授業展開だったかを振り返ることも容易です。この授業展開を振り返りやすいというのは教師側の感想ですが，生徒の側からいえば，授業展開とともに黒板の絵図が描き進められますので，1つの発問のやりとりが，その後に続く発問のやりとりの土台として結びついていることを感覚的に把握しやすいということでしょう。

智先生のご指摘が最も顕著に表現されているところは，発問(2)と(5)のやりとりだろうと思います。発問(2)では，「雪の玉と一緒に捨て去ろうとしているもの」を問い，発問(5)では，「自分の弱さに打ち克つために，何を大切にしていくか」を問うていますが，この2つの発問は，表現的には違いますが，同じ方向・性質のものです。したがって，指導者はそれを踏まえた上で問わなければ，へたをしますと，どちらの発問にも同じ生徒の反応が返ってくるだけということになりかねません。

　本授業では，板書する各内容のポジションどりを十分に練っており，両者の板書位置を近づけています。それにより，発問(5)を考えさせる際に，発問(2)で板書した内容に向かって，端的な矢印をかくことができました。結果的に，発問(2)で発言・発表された内容と同じ水準ではなく，それを下支えする一段深い内容について考え発表しようとする意識につながりました。

拓先生

　文図・絵図は，視覚的にも変化に富んでおり，教材が描く場面も思い出しやすく，教室全体が楽しい雰囲気に包まれると思いますが，やはり，私たち教員は，授業の全体構想と結びつけて板書しなければいけないし，文図・絵図がかき進められるのに伴って，段階的に，主題のねらいに迫っていけたかという点に着目しなければいけないということですね。

明先生

　全くその通りですね。ただ，そのためには，板書計画もしっかり立てておかなければならないでしょう。

　私も，単純明快な板書の場合は，どこに何を書くのかをイメージするだけで授業に臨むこともありますが，文図・絵図の場合は，しっかりと紙の上に板書計画を立て，それを教室に持ち込んで授業を行います。

　例えば，下の図は，本授業の板書計画です。矢印が示すのは授業の流れですが，ご覧の通り，あっちにかいたり，こっちにかいたりしています。したがって，一般的な板書以上に，狭い余白へ数多くの発表を詰め込んで書かざるを得ないという危険性があり，そうなれば，深く考え議論することを援助・促進するはずの文図・絵図が，かえってわかりづらくなり，本末転倒です。先ほど拓先生が言われたように，どの程度の発言・意見が予想されるのかを読んで，ポジションどりを行うことが大切ですね。

智先生

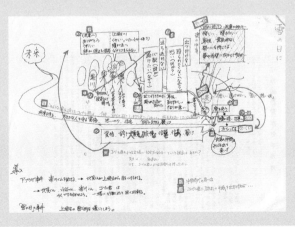

アドバンス⑪

傍線や下線，枠囲み，黄色文字で強調する

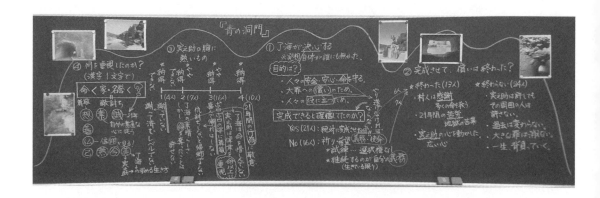

「傍線や下線，枠囲み，黄色文字で強調する」板書のポイント

Point 1　主題や道徳的価値に関連する語句に注意する

　本教材「青の洞門」のあらすじは「鎖渡しの断崖絶壁から毎年数人が落ちて亡くなるという事実を知った了海が実に21年間もの辛苦を経て，また最後の１年半は自分を父の仇としてねらう実之助とともに岩盤を掘り抜いて，了海と実之助は涙にむせび合った」というものです。

ねらい：了海と実之助の想いと生き方を通して，崇高なものを尊び，尊厳のある清らかさを仰
　　　　ぎ見たいと思う道徳的心情を養う。
発　問：(1)物語を聞いて，級友と考え議論してみたいのはどの場面か。
　　　　(2)○○は是か非か。その根拠は何か。その根拠は絶対か。（○○は臨機応変に）

　発問を明確には設定せずに臨んだ授業であり，生徒の意見・考え次第で，展開や発問が千変万化しますので，授業者のタクト力がより一層必要となりました。まず，発問(1)では，「１了海が決心する場面」と「②実之助の胸に熱いものが込み上げてきた場面」が挙がりました。
　本授業の主題名は，「恩讐を越えた美しい生き方」ですので，１については，了海は何のために決心したのかを掘り下げることで，その美しい生き方に迫れると直観しました。また，②に関しては，その了海を討たないことの是非について考え議論することで，了海の願いの美し

さに心打たれた実之助の美しい生き方をも追究することができ，両者の崇高さが両々あいまって，本授業が成立すると考えました。

さて，傍線や下線，枠囲み，黄色文字の使用についてですが，これは技術的には簡単ですが，実質的には案外難しいのではないかと考えます。そもそも，生徒の発言全てを書きとることはできませんから，板書した時点で，授業者の判断で簡潔に整理されたものとなっています。その簡潔に整理された文の中から，さらに重要語句を厳選して傍線や枠囲みを施すわけですから，ややもすると，授業者の違いによる振れ幅は大きくなりかねません。

事実，私も授業参観させてもらった際に，自分ならどのような板書にするのかを，授業の進行とともにつくることがありますが，私のメモした板書案と実際の板書内容とが，同じ生徒発言に基づいているにもかかわらず，細かなところで違っていることが頻繁にあります。

その違いが授業者の個性の範囲であれば味わい深くてよいのですが，授業の成否に関わってくると問題です。そうしないためには，傍線や枠囲み等に実質的な効果をもたせる必要があります。

第一に，授業者自身が，主題やそれに含まれる道徳的価値に対して多面的・多角的な網を張っておくことが重要です。学習指導要領解説の「内容項目の指導の観点」に目を通すとともに，生徒発言の形容詞や名詞等をその網目から捉えていくのです。

第二に，各基本発問や追究発問の役割とつながりを十分に把握し，授業展開のどの段階でどの水準の発言を想定しているのかを踏まえることが重要です。次の発問でより深く考え議論するための手がかり・糸口となる語句を見極めて，傍線や枠囲みの箇所を判断するのです。

Point2　強調の仕方を選択する

強調の仕方としては，特殊な場合に短冊で示すことはあるものの，普段の授業では「傍線を引く，枠で囲む，黄色文字で書く」が一般的です。この３種類の表現だけで，大抵の場合は十分でしょう。さらに必要なら，波線・太線・二重線等を用いることもできますが，表現方法が多様になればなるほど，それぞれの意味の違いが不明瞭になりがちです。なお，色チョークの使用に関しては，ユニバーサルデザインの観点からも白と黄の２色を基本とすべきです。

いずれにしても，異なる強調の仕方をとるのは，そこに異なる意味合い・ニュアンスがあるからであり，決して授業者の気分・気まぐれで選択するのではない，ということを改めて強調したいと思います。したがって，表現方法の豊富さは，必ずしも重要ではありません。

本授業の場合は，例えば，下線は，生徒発言を通して浮かび上がった価値的な視点を，枠囲みは，その語句の意味や意義について学級全体で深掘りしていくという意思表示を，太線は，主題のねらいに肉薄した個性的な結果を，指し示していますが，真に重要なことは，各表現方法の意味合いの違いを学級全体で共有し，考え議論する学習の原石として活用し合うことです。

研究協議会の実況中継

明先生

僕は先年，大分県中津市の耶馬溪を訪ね，青の洞門の迫力を体感してきましたが，この洞門を掘り抜いた禅海和尚の実話に，かなりの脚色を施して書き上げたのが，菊池寛の『恩讐の彼方に』ですね。本実践は，そのさわりを小学６年生用に簡潔に示した教材を用いて行われたものです。

智先生

現地を訪ねられて，教材を理解する上で参考になる情報があれば教えてもらえますか。

明先生

拓先生が教材「海と空」のときに指摘された通り，実際の授業では，観光案内や歴史解説に陥らないようにすることを前提に，授業で使われた写真の中の３枚を紹介いたします。

左端の写真は，青の洞門の入口近くにある禅海の像です。菊池寛の物語では，了海が21年間かけて掘っていますが，現地の案内板には，禅海が1735年から30年間にわたって岩山をくり抜き，全長360ｍの洞門を完成させたとの説明があります。

中央の写真は，道が狭く滑落しやすい競秀峰探勝道の１枚です。ご存じの通り，この登山道には「鎖渡し」の難所もあり，多くの人々がここで命を落としていることを聞いて，禅海は，ノミとツチを手にしました。僕も90分ほどかけて探勝道を歩きましたが，足を踏み外すと本当に命を落とすような箇所が至るところにあり，気を引き締めて歩きました。

一番右の写真は，「最初に明けたあかり窓」という石標がある場所で，禅海のノミの跡も残っています。また，窓の向こうに見えるのが山国川です。圧迫感のある洞門の中から見た青い山国川は，心を穏やかに涼やかになごませてくれました。

拓先生

なるほど，実際に現地を訪れている強みは，自分自身の感想を短くつけ加えることができる点にあることを，改めて実感しました。その瞬間から，遠い物語の世界が身近な現実の世界のように感じられました。生徒も，きっと同じ感覚で物語に引き込まれたことでしょう。

明先生

　ところで，智先生は，この授業と板書について，どのように評価されているのですか。

智先生

　導入で耶馬溪をかたどった山の姿を１本の曲線で示した後，「青の洞門」の６枚の写真を手際よく見せて，すぐに範読に入りましたから，その後の約40分間を全て考え議論する時間にあてることができました。しかも，わずか２つの発問しか準備せずに，この水準の授業を成立させているのは素晴らしいと思います。もし，私がこの授業を行うとしたら，相当な勇気と覚悟と準備が必要であり，正直，あまり自信がありません。
　鏡のような水面に小石を１つ投げ込むと，波紋が次々に広がるのと同じように，１つの生徒発言を出発点にして，新たな疑問が立ち上っては議論を尽くして授業が紡がれていく，というのは１つの理想形です。しかし，これはあくまでも発展的な授業形態で，熟練を要します。やはり，基本的には，十分に練った基本発問と追究発問をあらかじめ準備することで，ねらいへの最もわかりやすい登山ルートを授業者なりに構想しておく，ということがよいと思います。
　板書についても，読み取り道徳とは距離を置いた立場表明を三度行い，そこで考え議論した内容が明瞭に整理されたものになっています。また，板書の位置も，生徒の選んだ物語の二場面を黒板中央に高く掲げ，そこから派生した②と④の問いかけを，黒板両端の一段低い場所から書き始めており，工夫の跡が見て取れます。拓先生は，どのような評価をされていますか。

拓先生

　この板書には，矢印がいくつも見られ，生徒の発言に乗りつつ次の新しい論点を導き出したり，人数の内訳を表したり，あるいは，２つの語句を対比して崇高な行為に迫ったり，漢字に込めた意味を示したりする場面で使われています。
　本授業では，全体構想に関わるタクト力，すなわち，ねらいに肉薄する道筋として，黒板に示された①から④の流れを臨機応変に見出す柔軟性が必要ですが，それと同時に，①から④のそれぞれの場面を多面的・多角的思考の「広場」とすることも重要であり，板書された矢印の一つ一つが，タクト力を発揮して臨機応変に「広場」を提供した証となっています。
　一方，下線や枠線で示した箇所については，やや課題が残ったのではないでしょうか。「決心」「命」「義務」「使命」「感謝」「苦労」などの語に線を入れている点は同意見なのですが，私ならさらに，「祈り」「希望」「試練」「継続」「広い心」「一生背負う」「敬意」「尊敬」など，主題のねらいである「崇高さや清らかさ」に通じる語句も目立つようにしていたかもしれません。本展開は，同時並行で実に様々な構想や配慮を要求されますので致し方ありませんが，本来は下線１つ引くのにも，内容項目や道徳的価値に対する授業者の認識の深さが関係してきます。

明先生

　重要なご指摘をありがとうございます。ところで，拓先生は，生徒の発言に合わせながら，臨機応変に発問を投げかけていく，このような授業のご経験はありますか。

本当にこうした授業に熟達すれば，その場その場で直観的に思い浮かんでくる発問を投げかけることで，自然と授業のねらいが達成できるでしょうね。

　ただ，私はこのような授業の経験があまりないので，すぐに実践してみよ，と言われたら，普通の指導案を作成する何倍もの時間を費やすことになると思います。

　例えば，本授業では範読後，数名の生徒に「みんなで考えてみたい場面」を尋ね，授業を開始しています。

　これによって，主題のねらいに向かう登山ルートが大きく左右されますから，授業者にとっては不安が募ります。普段の授業で，ある１つの発問に対して予想していた生徒の反応を超える発言が返ってきた，というのとはレベルが違うわけです。

拓先生

　ですから，私だったら，授業の準備段階で，教材を場面ごとに区切ってその背景にある考えや気持ちを拾い上げ，ねらいに肉薄するための道徳的価値の断面を多面的・多角的に洗い出しておきますね。

　さらに，場面ごとに複数の発問を用意しておくかもしれません。このようにして，生徒がどの場面を挙げたとしても，ねらいに向かうためのスプリングボードとして円滑に活用を図るわけです。これは，いわば「順思考」で授業の流れを考えたものですね。

　しかし，それとは反対に，「逆思考」で準備しておくことも重要だと思います。ねらいに最も肉薄する最後の発問として，どのようなものが考えられるか，２つ３つ練っておきたいですね。

　次に，その最後の発問に対して，どのような発言が返ってくれば授業が成立したといえるのか，あらかじめ想定しておきます。さらに，そのような充実の発言が生まれるには，その１つ手前の基本発問で，どのような議論が必要なのかも考えます。

　このように，想定される授業の流れを樹形図的に把握していくことで，「順思考」における樹形図の枝と，「逆思考」における樹形図の枝とが，つながってくるはずです。このような入念な準備があって初めて，生徒の多様な意見・考えにも余裕をもって柔軟に対応できるでしょう。

智先生

　お話をうかがって，ねらいへの登山ルートは実に多様で，生徒個々で登りやすさの違いはあるでしょうが，準備を綿密に行えば，どの場所からでも登山は開始できるように思いました。

　本授業の場合は，最初に生徒は「①了海が決心する場面」と「③実之助の胸に熱いものが込み上げてきた場面」を挙げたわけですが，下線や枠囲みを用いて，「決心した目的」や「完成を確信していたのか」を問い，さらに「②完成すれば償いが終わるのか」という発問を重ねて議論を進めています。さらに，その自然な流れに乗って③の場面へとつなぎ，「仇討ちをしないことに心底納得できているのだろうか」と問うて立場表明をさせていますね。そして，「④実之助が命や名誉より大切だと考えたものを，漢字一字で表そう」という発問によって，了海の崇高で清らかな姿に焦点化しています。ややもすると，「崇高さ」ではなく，「思いやり」や「優しさ」といった価値が前面に出がちな教材ですが，物語の時代背景を踏まえつつ，命・名誉・帰郷などより大切にしたことを考えさせることで，「誠・仏・想・善・素・熱・今」などの発言につながり，黄色のチョークで目立つように板書しています。今後は，発問構成を明確にした従前の授業展開と比べて，本授業のよさや課題を客観的に検証していくことが必要だろうと思いますね。

4章

板書づくりとその吟味

板書づくりの実際

教材の読みと主題構成

　ここでは，NHK の「手話ニュース845」で活躍され，『本気で生きよう！　なにかが変わる』の著者でもある丸山浩路氏の「ぼくの名前呼んで」を取り上げます。小学６年生の教科書に掲載されていますが，中学生ならより深く考えることができる教材でしょう。

　さて，新しい教材を目の前にしますと，誰もがまず教材を読み進めながら，様々なことを考えます。私の場合も，この教材を得て，いろいろな考え・解釈が心に浮かびました。その，主要なものだけを次の表にまとめました。

教材場面の立ち止まり箇所	心に浮かんだ考え・解釈
①太郎の**両親**は，聴覚・言語障害者である	①差別・いじめも含んだ総合的な学習の時間との連携も考えられる
②軽い脳性まひの子をからかった者とケンカした	②太郎は，<u>正義感</u>，<u>勇気</u>があり，<u>まっすぐに生きている</u>
③「おまえ，**父ちゃん母ちゃん**から，一度も名前呼ばれたことないだろう」に体が動かなくなる太郎	③太郎にとっての<u>日常の当たり前</u>が，<u>突然崩れ始めた衝撃に立ちすくんでいる</u>
④せきを切ったようにこぼれる太郎の涙。入り口でドン，ドン，ドンと足を踏みならす太郎	④<u>やり場のない苛立ち</u>，<u>寂しさ</u>，<u>切なさ</u>，<u>やるせなさ</u>，<u>無力感</u>，<u>悔しさ</u>，<u>心の叫び・訴え</u>，<u>気づいてほしい</u>……
⑤**父親**をにらみつけ，泣き叫ぶ太郎	⑤<u>怒り</u>，<u>悲しみ</u>，<u>焦り</u>，<u>妬み</u>，<u>失望を押さえきれない</u>
⑥「親なら子どもの名前を呼ぶのはあたりまえ」と言う太郎の手が一瞬止まる	⑥これ以上，自分の感情をまき散らしても，<u>父親を傷つけるだけで</u>，どうにもならないことを<u>重々理解している</u>
⑦手話で父に「ぼくの名前呼んで」と訴える太郎	⑦<u>悲しみや情けなさといった衝動を抑えきれない状態</u>
⑧力いっぱい息子を抱きしめる**父親**	⑧<u>息子の想いを全身全霊で受け止めた証</u>
⑨無言の中，力強い手話で語り始める**父親**	⑨「寂しいが恥ずかしくはない」という**両親**の想いや決意，そして，太郎への願いを伝える<u>決心・覚悟をした</u>
⑩生まれた太郎の泣き声を「一度でいいから聞きたい」と悲しそうな顔で泣く**母親**	⑩初めて知らされた，**父母のエピソード**とそこに込められた深い愛情・想い。**両親も同じ寂しさを味わってきた**
⑪「人間トシテ，最高ノ生キ方ヲシテイコウト約束シテイル。君モソウシテホシイ」	⑪与えられた境遇の中で，自分のよさを磨き生かし，精一杯濃く生きる。味わった寂しさや悔しさ，<u>悲しみを分かち合う</u>ほど，**家族の絆が固くなり，人には優しくなれる**
⑫太郎が初めて見る**父親の涙**	⑫この悲しみや悔しさを受け止めながらも，**家族で**<u>一緒に乗り越えてほしい</u>，という願い・期待・祈り・希望
⑬父親の心の底からほとばしり出るような手話を，まばたきもせずに見つめる太郎	⑬情熱や信念，愛情，絆を大切にして懸命に強く生きる**両親**を信頼し，誇りに思い，**家族**と共にこの運命を引き受け，堂々と切り拓いていこうとする<u>決意・覚悟の表れ</u>

なお，ここでは説明のため，表にまとめましたが，本来，こうした心の声は教材の余白にメモすれば十分です。さて，本教材に目を通すとともに，この表を概観しますと，「家族愛」が主題に位置づくことが理解されます。実際，教材の中には，「両親」「父」「母」と「太郎」「息子」という語が認められますし，表中においても，主人公の「太郎」以外で，「家族」を表す箇所をゴシック表示にしてみますと，後半の重要な場面に目立ちます。また，「家族愛の要素・条件」がいくつもありますので，下線を引いてみますと，それらの語句は，前半はマイナス面の要素が多いのに対し，後半は徐々にプラス面の要素が増しています。さらに，「家族愛に関する行為」を示唆する箇所に波線を引きますと，最初から最後まで全体にわたって確認することができます。このように，本教材は終始「家族愛」を描いているのです。

　そこで，次に，家族愛に対する授業者自身の認識を深め整理しておきます。中学校の学習指導要領解説では，小学校段階での「敬愛し，家族の幸せを求めて，進んで役に立とうとする」ということに加えて，「かけがえのない存在」「成長を願う」「無私の愛情」「役割と責任」「安心できるよりどころ」「社会の一員としての準備」「温かい信頼関係や愛情」「深い絆」「喜怒哀楽を共にし，生活の苦労を分かち合う」「家族の一員としての自覚」等の視点が示されています。また，およそ愛とは，危機的状況に直面してこそ，その真価が問われるものですが，家族愛も愛である限り，そうした視点から考察することも重要です。危機的状況をどう乗りきるかは，発達の段階によって異なるでしょうが，いずれにしても「家族愛の姿・形をどう捉えるのか」という基本姿勢によるところが大きいと思われます。家族間で交わされる言葉ひとつとっても，感性による直観的・即時的な受け止めだけにとどまらず，悟性による知性的で中長期的な展望のもとに，その意味や願いの深さやありがたみを多面的・多角的に把握したいと考えました。

　具体的には，太郎やその両親の心に一生癒えぬ深い傷を残して意気消沈するのか，あるいは逆に，今回の出来事から家族の結びつきを強固なものにし，同じ方向に向かって力を合わせて家族の幸福を築いていこうとするのか，まさに，この家族は，今後どのような進路に舵を切るのかという大きな岐路に立っていると考えます。父の厳しさと優しさに通底する，家族としての，人間としての力強い生き方と，それを真正面から受け止めた太郎の姿を追究することが重要でしょう。このようにして，例えば，主題名を「家族のかたち〜厳しさと優しさに通底するもの〜」とし，授業のねらいを「父の力強い手話に込められた，家族としての懸命な生き方と，そこから得られる幸福感や充実感に対する理解を通して，互いに強固で深い絆を結び合おうとする道徳的心情を育む」のように設定することもできます。

発問づくりと生徒発言の読み

　続いて発問づくりに移ります。最も私の心に迫ってきたのは，母が一度でいいから太郎の声

を聞きたいと願って涙する場面であり，また，そんな昔の一場面を心に刻みつけて，今，涙ながらに，しかし，逃げたりごまかしたりせずに太郎と向かい合う父の姿でした。この場面に共通してあるのは「涙」であり，そう考えると，この話の中で太郎自身も涙を流していますから，多様に考えられる授業展開のひとつとして「涙」に照準を合わせることもできそうです。

　そこでまず，中心的な発問「太郎・父・母の3人の涙は，家族の将来に対して，どのような意味をもつか」を「自己認識」と「価値認識」の両面に関わるものとして位置づけることを考え，生徒の反応として「堂々と生き抜く勇気」「力を合わせて同じ姿勢で歩む団結力・絆」「明るく穏やかな日常を築いていくことへの希望」「家族相互の深く力強い愛情」「自分たちにとっての最高の生き方を求めていく覚悟」等の視点に関わる発言を予想しておきます。

　次に，予想した発言が生まれやすい土壌を考えておきます。例えば，「堂々と生き抜く勇気」という反応予想ですが，その前段階で「太郎は，自分の生きてきた道のりに疑問をもち始めている。堂々と生きていくことに不安をもち始めている」といった発言があれば，それをスプリングボードにして考えやすくなるでしょう。このような逆思考によって，いくつかの基本発問を設定するのです。

　具体的には，発問①「太郎の涙の意味」，②「太郎は何に気づいて涙を流したのか」，③「父や母の涙の意味」のような発問群や，❶「せきを切ったように涙がこぼれたときの太郎の気持ち」，❷「父親に泣きながら手話を始めた太郎の気持ち」，❸「再び激しい手話を始めざるを得なかった理由」のような発問群など，主題のねらいや生徒の実態を踏まえた授業者の考え方次第で，多様な授業展開が生まれます。なお，言うまでもなく，これら①〜③や❶〜❸の発問は，全て主として「価値認識」に関わるものですが，「自己認識」や「自己展望」に関わる発問を入れることもできますし，発問数も3つに固定する必要はありません。

　最後は，前述の中心的な発問を発問④として位置づけ，そのやりとりの中で「最高の生き方」に関わる生徒発言があるだろうとの予想のもと，発問⑤「"最高ノ生キ方"とは，どのようなものか。また，家族が最高の生き方をするために，あなたが重視することは何か」という発問を設定することで，自己の生活経験に根ざした道徳的思考を促します。実際の授業では，例えば「親は自分の苦楽を分かち合ってくれるけれど，僕が親の苦楽を分かち合ったことは少ない。そんな親に感謝しながら，僕自身も，尊敬され頼られる存在になる必要性」や「家族の協力，想い，願いを同じ方向に向かって力強く歩む決意に変えること」といった発言が見られました。このような「自己展望」に関わる発問によって，より一層ねらいに肉薄するとともに，生徒一人一人が自分らしい家族観を築いていく糸口を見出すことを期待するのです。

　以上の通り，発問づくりにおいては，ある程度の反応予想をしますが，実践においては，事前の反応予想が外れても，必ずしも授業の失敗を意味することにはなりません。むしろ，予想を上回る反応があれば，授業者にとっても望外の喜びとなり，また，生徒理解力や学級経営力の糧にもなるはずです。発問づくりにおいても柔軟性は大切ですが，授業実践においても生徒

発言に柔軟に対応することが肝要だといえるでしょう。

板書計画と発問の再吟味

　本来ならば，ここで板書計画を立て，それを基にして，発問に対する再吟味と微修正を行って実際の授業に臨みますので，本項でもその点について論じればよいのですが，実は，本教材に関しては15年前に上述の発問群①～⑤で中学生に授業を行っており，さらに，数年前には，それに改良を加えて改めて授業する機会に恵まれました。そこで，ここでは，15年前の板書計画にどのような吟味を施したのかを整理するとともに，その結果として，どのように考え議論する道徳授業が誕生したのかを見ることを以て，板書計画と発問の再吟味に代えさせていただきたいと思います。

　まず，15年前の板書計画は，次のようなものでした。太郎，父，母の３人の涙を近い位置に板書するということを念頭に，発問①のやりとりを黒板の右３分の１から書き始め，発問②を黒板右端に配置しました。そして，黒板中央を空けておいて，今度は発問③を黒板左端に示し，発問④・⑤を黒板中央の上段と下段にそれぞれ板書するというものでした。

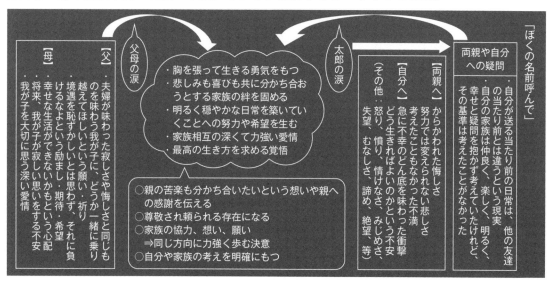

　それから十数年が経ち，道徳の教科化も実現しましたので，改めて本教材で授業を行うに当たって，当時を振り返ってみました。すると，教師と生徒のやりとりを積み重ねながら，ねらいに迫っていく生徒の様子を感じ取ることはできるのですが，本教材が描く場面は，この家族のより深刻な危機的状況であり，それにどのような姿勢・態度で対峙するのかといった面を意識的に追究したり，自我関与からの議論を展開し，「自己認識」を深めていく点を強化したりする代案も考えられるように思ったのです。

そこで，次に，発問を再吟味してみます。「涙」を重視する点にかわりはありませんが，もう少し，父の立派で気高い姿勢・態度を浮き彫りにすることができれば，その裏返しで，家族が直面している深刻な状況もより明瞭にできそうです。また，様々な自我関与の手段が考えられますが，例えば，立場表明とその理由・根拠を発表し，それを起点として議論にもち込むという学習場面は創れないものかと考えました。

　15年前に教材を一読した際には，表中の「⑧力いっぱい息子を抱きしめる父親」に対する深い愛情という切り口が弱く，それが回り回って，実際の授業においても父の愛ある厳しさといった発言につながらなかったのだろうと思います。これを解消するためには，この⑧の場面を深く問うてもよいのではないでしょうか。この辺りの判断は微妙で，実際に実践しなければ評価が難しいことも多々あります。ただ，このときの私は，自分の過去の実践に照らして，そうしなければ，父の毅然とした態度の根底にある太郎への深い愛情がかすむと判断しました。

　また，太郎の父の立派さを際立たせる手立てとして，比較・対比する対象を設けることを考えました。この家族の危機的状況に敢然と向き合った父の凄みをよりはっきりと捉えるため，同じ父親として，私だったらどのような態度がとれただろうか，と想像してみました。すると，力いっぱい抱きしめることはできても，その後，太郎に「ごめんな。許してな」と言いかねないことにハッとするのです。そして，そんなことでは，家族はこの危機的状況に飲み込まれるほかなく，ひいては卑屈な生き方・将来しか望めませんから，太郎と一緒に泣くことはできても，その涙の意味が全く異なったものに変質していることに慄然としました。

　さらに，立場表明の場を設定することもできるとの判断もしました。すなわち，上の吟味は授業や発問づくりのためではありますが，同時に，生徒が額に汗して考え，判断し，理由を述べ合い，議論し合う箇所ともなり得る，ということです。具体的には，「『ごめんな。許してな』という言葉を一切口にしない父の姿勢をどう考えるか」という発問に対して，「高く評価する・評価する・多少評価する・ほとんど評価しない」という4段階の判断を下すというものです。落ち込んでいる太郎が，はたして，親の重みのある熱い気持ち・願いをどう受け止めるのか，一定のリスクがあるのは事実で，まさに今日までの親子の信頼関係の深さ・確かさが試される瞬間であることは間違いありません。

　そして，比較・対比するということでは，上述したような教材場面と教材に描かれていない場面とを考えることもありますが，教材によっては，文章に描かれた2つの場面を対照することもあります。本教材でも「父親に向かって泣き叫ぶ太郎」と「父親の手話をまばたきもせずに見つめる太郎」とを比較対照することができそうです。これは，先ほどまで「涙を流していた」太郎が，今は「泣くのを止めている」太郎へと大きく変容しているということです。本文には，「泣き止んだ」という直接的な表現はありませんが，「見詰める」とは，見ることを隙間なく行うことですから，「目を逸らさず見続けること」「集中して凝視すること」を意味します。特に，「集中」には理性的・悟性的な精神作用が必要ですし，また，ぼやけた像が網膜に映り

込んでいては「凝視」はできません。すなわち，「まばたきもせずに見つめる」とは，すでに泣き止んでいることが前提になっているのです。

さて，以上のように発問の吟味を複数の角度から行いましたが，本項の冒頭でも述べた通り，今回は過去に行った自分の授業実践を基にしたことで，かなり丁寧かつ多岐にわたって検討を加えることになりました。したがって，以下に示す展開の大要は，15年前の発問群を大幅に変更しています。しかし，普段の授業においては，板書計画はあくまでも予想に基づく案ですから，それを基にして発問を大きく変更する必要はなく，大抵の場合，1つか2つの角度から吟味すれば十分です。そして，結果として，もとの発問群を用いて授業することもあれば，発問を差し替えることもありますし，導入や終末の時間を調整して，新しい発問を差し込むこともあるでしょう。

最後に，展開の大要を示しておきます。本授業の場合，全体的な流れとしては，「価値認識」「自己認識」「自己展望」の順で進んでいます。主として，発問1・2が「価値認識」，発問3が「自己認識」，発問4が「自己認識・価値認識」，発問5は追究発問を含めて「自己展望」の視点に基づいています。

	学習内容（主な発問と反応予想）	指導の意図・留意点
導入	☆1：家族の中で大切にしておきたいことは何か ☆2：また，なぜそれは大切なのか	※家族愛に必要な要素・条件に関する生徒の現状認識を把握する
展開	※範読する 【発問1】太郎の涙に詰まっている想いは何か 　　・悔しさ，寂しさ，切なさ，悲しさ，怒り等 【発問2】なぜ，父は力いっぱい太郎を抱きしめたのか 【発問3】父は，太郎に対して力強い手話で涙ながらに語ったが，「ごめんな。許してな」という言葉は一切口にしていない。このような父の姿勢をどう考えるか（評価の程度：◎○△×） 　　◎：運命を引き受けつつ，自分の信じる道・生き方を明確に伝えた 　　△：太郎が理解できるか，リスクがある 【発問4】初めて見る父の涙とほとばしり出るような手話をまばたきもせずに見つめる（泣き止んでいる）太郎は，何を考えた（感じた）か 【発問5】太郎の心を変えたものは何か 　　・父の信念，覚悟，願い・父に対する信頼 追究発問1：家族の中で大切にしておきたいことは何か 追究発問2：また，なぜそれは大切なのか	※後の発問4との対比のため，簡単なやりとりをしておく ※太郎の想いを受け止めた父の優しさの追究 ※厳しくも力強く生きたいと願う熱い想いを捉える ※父の姿勢を4段階で評価し，その理由・根拠を通して，家族としての1つの理想像を見定めていく ※ペアで質問や疑問を投げかけ合うよう指示 ※全体で交流し，さらに追究発問で深める ※太郎の受け止め方は，「ごめんな。許してな」と言った場合と，どのように異なるのかも考えさせたい ※危機的状況に立ち向かうために必要な家族愛の要素・条件を整理する ※追究発問によって，物語の世界を我が事とし，身近な現実の世界に引き寄せて考えさせる
終末	☆3：タイのCMを紹介する 　　（サン＝テグジュペリの言葉を紹介してもよい）	※『人間の大地』：愛とは，互いに見つめることではなく，共に同じ方向を見ることである

まず，「価値認識」ですが，父から太郎への愛深き優しさを考えるための【発問2】を設けるとともに，毅然たる父の姿勢・態度に込められた熱い願い・祈りを太郎がどのように受け止められたのかを考える【発問4】を設けました。しかし，【発問2】は，太郎の「涙」に対する応答ですから，まずは，「涙」に込められた意味を確かめるため，15年前と同じ【発問1】を生かすことにしました。

　次に，「自己認識」ですが，自己の立ち位置・立脚点を探り確かめる場面として，父が太郎に示した一見すると厳しい姿勢・態度を取り上げ，生徒一人一人がそれをどう捉え評価するのかを，立場表明と理由・根拠づけからの議論を通して掘り下げていこうと考えました。それにより，厳しくも優しい父の立派で堂々たる生き方もより明瞭となり，それを伏線とすることで，【発問4】において，父の願い・祈りの熱量の大きさをベースに考えを深めることができます。そこで，この立場表明に関わる学習場面は，【発問3】として位置づけることにしました。なお，【発問4】では，多面的・多角的に考える切り口として，父が「ごめんな。許してな」と言った場合との比較対照という腹案を準備しておくことで，実際の授業実践では，「読み取り」だけでは決して応答できない，自らの価値観・人生観に基づいてしか追究できない「自己認識」の視点をあわせもった色彩豊かな学習場面となることを期待しました。

　最後に，「自己展望」についてですが，個人も含めた社会的・環境的な阻害条件を参照しながらも，それに対する自己の克服条件を考察する場面として，【発問5】を設定して，親子が直面する危機的状況に必要な家族愛の要素・条件を整理することにしました。追究発問も2つ準備しましたが，それまでの学習場面において，例えば，追究発問2の応答として予想される「幸せな生活」「自立への成長」「明るい家庭」「相互の尊敬」「助け合いと絆」等が，生徒の発言としてすでに発表されていることも考えられます。そのような場合には，追究発問を見合わせるといった柔軟な姿勢で臨めばよいでしょう。

　なお，この展開の大要による板書計画については，次項に示す実際の板書がほぼ計画通りのものとなりましたので，ここでは省略しておきたいと思います。

板書づくり

　本項では，板書を単なる小手先の技術・技能ではなく，考え議論する際の「広場」「方向」「足跡」を指し示すものだとの意識を水面下に置いて論じます。なお，本実践は生徒にとって中学最後の道徳授業であり，40人全員に発言させるとともに60分に延長して行っています。

　まず，板書の全体構想としては，「涙を流している太郎」と「まばたきせずに見つめる太郎」を黒板の両側へ示し，太郎の心をこのように変容させた理由・要因，すなわち家族愛・家庭愛の要素・条件をその間に示していくことにしました。そこで，【発問1】の太郎の涙の意味と【発問2】の抱きしめた父の想いを黒板の右端に示しました。ここで，「太郎に申し訳ない」と

いう発言がありましたので、「そういう気持ちになるね。それなのに、ごめん、とは言ってないね。じゃあ、次に、ごめんを口にしない父の姿勢について、考えてみましょう」と伝えて、【発問3】の判断・理由づけとその議論へと進みました。

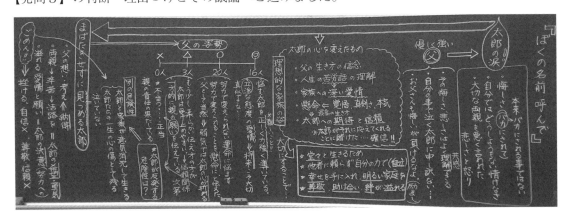

　父の姿勢を4段階で評価したところ、「△」とした理由のひとつに、「一方的に親の願いを伝えると嫌な感じがする。太郎が反発してしまってはどうしようもない」という意見がありましたので、「反発する危険性はあるの？」と尋ねました。すると、「ゼロではない、多少はあるはず」と答えましたので、さらに「じゃあ、それより危険なことがあって、それを優先的に回避したんじゃないの？」と追究発問をしました。これは、指導案にはない臨機応変のやりとりでしたが、家族は信頼と敬愛を基盤にした最小単位の社会集団であり、必然的に中長期的な展望へ理性を働かせる必要もあると考え、生徒に多面的・多角的な思索を促すことにしました。
【発問4】に対する発言は、黒板の左端に示していますが、ここでは、泣くことを止めた太郎の「納得」「希望」「勇気」「決意」などを共有することができました。さらに、その共有の水準を一段階深めるため、「父親が、『ごめんな。許してな』と言っていたら、太郎はどうなるだろうか」と、自らの感じ方を自らに問うことでしか答えることのできない追究発問を投げかけました。結果として、「瞬間的には嬉しいかもしれないけど、すぐ悲しくなるし、将来的にはくじけてしまう」等の意見を引き出すことになりました。
　最後は、黒板中央のやや右側の空けていた場所に、【発問5】でのやりとりを書いていきました。発問自体は、「太郎の心を変えたものは何か」というものですが、最終的には「理想的な家族の姿」という枠組で囲い、家族愛・家庭愛の成立条件・促進条件として整理しました。この中には、「父の太郎に対する期待と信頼」という意見があり、それに対する前列の生徒の「一か八かの賭けに出た」というつぶやきを拾い上げると、その生徒は、改めて「いや、確信かも」とつけ加えましたので、それも板書しています。伏見工業高校ラグビー部の山口良治監督の言葉に「愛とは信じ、待ち、許すこと」がありますが、父は太郎が必ず応えてくれると確信していたのであり、最高の生き方を実現することを待ち望んだのであり、太郎の生き方・考え方を高く評価し認めていたということなのでしょう。

板書の吟味とバトンパス

リレー道徳とローテーション道徳

　授業の板書は，計画していたイメージとの遠近にかかわらず，必ず写真に収めることをおすすめします。そして，もし満足のいかない板書であったならば，何が問題であったのかを明確にし，代案を残しておくことが肝要です。もちろん，満足のいく板書であった場合でも，改善の余地は残っているはずですから，よりよい板書づくりのための吟味を加えたいものです。重要なことは，自分のイメージ通りの板書になったかというだけにとどまらず，授業全体の構想や発問構成，生徒発言の受け止めや生かし方等の吟味と絡めながら，常に厳しい検討を加えていくことであり，そのような継続的かつ組織的な営みが，学校としての貴重な財産となり，先生方個々の授業づくり・板書づくりに結びつき，生徒と共に倶学倶進して創造する道徳授業となって花開くのです。

　こうした取り組みにチーム学年・チーム学校として挑む方法はいくつもありますが，その代表的なものは，リレー道徳とローテーション道徳ではないでしょうか。

　リレー道徳の基本は，例えば3学級の場合，右の表のように3週間を1クールとするものです。どの学級も3種類の教材で学習しますが，各学級が同じ週に横並びで同一の教材を使用することがないので，自分の授業実践の成果と課題を，次に授業する先生にリレー形式で伝え

	第1週	第2週	第3週
1組	教材A	教材C	教材B
2組	教材B	教材A	教材C
3組	教材C	教材B	教材A

ていける利点があります。また，様々な教材で授業するという経験ができるのも魅力です。

　留意点は，特別活動や総合的な学習の時間等とユニットを組んでの道徳授業を計画するとき，学級間において1つの教材で学ぶタイミングのずれが大きな影響を与えることもありますので，その場合は，1つのクールと次のクールの間に，同一教材を横並びにした授業を挿入するなど，柔軟に対応しなければなりません。また，どのような形で何をリレーすると実り多いかを，常に流動的に吟味し続ける必要があります。

　一方，ローテーション道徳の基本は，例えば3学級の場合，右の表で1クールとするものです。教師は，1クール1教材の準備で授業を行うことができます。

	第1週	第2週	第3週
1組	a先生	c先生	b先生
2組	b先生	a先生	c先生
3組	c先生	b先生	a先生

　長所は，自分が作成した1つの指導案に対して，実践を通じて実証的な吟味を加えて改善し，さらに，その効

果をすぐ次の授業で確かめられる点にあります。したがって，この長所を意識しながら，しばらくの間取り組めば，自身の授業力・板書力の向上をはっきりと感じられるはずです。

　しかし，どこに課題があるのかがわからない場合や具体的な改善策が見出せない場合には，最初に作成した指導案で全学級に実践することになりかねませんし，リレー道徳とは違って，自分が用いた教材を他の教師が使用するわけではないので，教員相互の意見交流も少なくなりがちで，組織的に授業改善を図るという意識に欠けるきらいがあります。また，よほど入念に学年会議等をしなければ，道徳授業への生徒の基本的な姿勢や，聴く力，質問し語り合う力，議論して練り上げる楽しさは，いつまでたっても向上しないという難しさもあります。

　いずれにしても，発展途上にある学校組織の実情と課題に応じてリレー道徳やローテーション道徳の一方を活用したり，組み合わせたりして，それぞれの長所を最大限に生かしたいものです。ただし，道徳授業を行うのは基本的に担任であるという点は，共通理解しておきたいと思います。表面的な事実の奥底にひそむ生徒の真の心の実態を，最も深く正しく知り得るのが担任であり，道徳授業はその心の実態の上に設計・建築されるものだからです。私が担任であれば，少なくとも年度当初と年度末の計2か月間は自分の学級で授業したいところです。

展開の大要と板書の吟味〜「月明かりで見送った夜汽車」&「泣いた赤おに」〜

　展開の大要と板書は表裏を成していますので，実践後にはそれらを振り返り，吟味し，改善策を探るということが重要です。このような教師による一連の反省的活動の全体は，まさに，授業づくりの「価値認識」「自己認識」「自己展望」の視点や板書の「広場」「方向」「足跡」等の機能に照らしての営為となるはずです。以下，具体的に見ていきたいと思います。

　教材「月明かりで見送った夜汽車」は，「文化祭の準備をする先生方を残し，国体出場のためＩ先生は駅に向かいます。Ｉ先生を乗せた夜汽車が学校のそばを通過するとき，学校中の灯りが全て消され，歓声と拍手が暗闇に響きました」という話です。

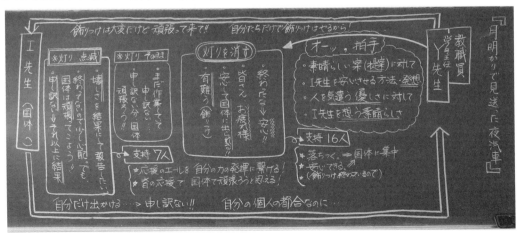

授業の核心は，「さりげなさがもつ深い思いやりの素晴らしさ」に肉薄するところにありますから，その具体策として，「Ａ：灯りを消して夜汽車を見送る場合」と「Ｂ：灯りを点滅させてエールを贈る場合」とを比較対照することにしました。このような「読み取り」では応答できない「自己認識」及び「価値認識」に関する仕掛けを組み込み，教材の特質「さりげなさ」を浮き彫りにすることで，新たな発見の伴う「考え，議論する道徳」を実現しようとしました。

　本授業の私の板書は，前ページの通りですが，最初の「価値認識」に関わる発問の時点で，Ｙ先生とＩ先生の循環型の矢印で黒板全体を囲んでいますので，生徒の発言が多い場合に，その枠内に収まらないことを気にされた先生は，独自の板書計画で授業に臨まれました。

　教員間の板書構想が異なる場合は，板書写真にではなく，指導案の「展開の大要」に赤ペン（下表では太字）で気づいたことをメモし，板書写真は参考資料として添付して，リレーしていくのもよいでしょう。本授業では，Ａを支持する側から「点滅では，結果を出すことへの重圧感があり落ち着けない」「消灯は安心するけれど，点滅は先生が残っていることが伝わり，申し訳ない気持ちになる」との意見が，Ｂを支持する側から「私がＩ先生なら，みんなの応援を知ればもっと頑張り，よい結果を伝えられるよう努力できる」との意見が出ましたが，それを出発点とした議論は展開できず，「自己認識」が十分には深まりませんでした。そこで，下のメモでは，互いの意見・理由を丁寧に聴き合い，より深く考えるための質問・反問を協働して積み上げられるよう，ペアワークの実現を目指した提案を行って，次の授業者へバトンパスしました。

	学習内容（主な発問と反応予想）	指導の意図・留意点
導入	☆電車内の男女（恋人？）の男性の方が，最初は女性の前で席を譲り，女性が降車した後は席を譲らなかった話	※真の思いやりの対極にある，打算によるエセ思いやり行為の例を提示する
展開	※範読する　　　　　　　　　　　　　　　　　カットも一案！　20分で 【発問1】学年主任Ｙ先生・国体選手Ｉ先生は，相手に対してどのような思いをもっていたか 【発問2】拍手は，何に対してのものか 　　　　・Ｙ先生の温かな心，Ｉ先生の健闘を祈る等 【発問3】Ａ：電気を消す行為に詰まっている想いについて， 　　　　Ｂ：電気を点滅させる場合と比較しよう 様々な理由が出た後それに対する質問や意見を述べさせたい ①消す行為と点滅させる行為のどちらを支持するか。また，その理由は何か 　　・消す：安心でき，試合に集中できる　16人 　　・点滅：エールをもらい，頑張ることができる　7人 ②あなたがＹ先生なら，Ａ・Ｂどちらの見送り方を選択するか。また，その理由は何か 【発問4】思いやりのある行為をするときに，気をつけておきたいことは何か	※教材の一部を削除して使用する ※両者の思いやりが循環していることを示唆する板書にする ※場の空気を変化させた拍手の方向性を確認 ※この発問3（Ａ）までが，価値認識に関わる ※点滅させる行為のよさとの比較対照から，消す行為のよさをより深く捉えさせる ※7～8分程度のペアワークをさせたい ❶理由を聞きながら，疑問点をメモする ❷質問を投げかける ❸納得のいく理由や経験・体験を伝える ❹両者の意見の異同を整理する ※自己認識に関する発問であり，我が事として捉え直し，自分なりの納得解を見出したい ※自己展望に向けた自分に正直な留意点を考える
終末	☆今日の授業の感想（新しく気づいたことを中心に） 　＋ミニアンケート	※生徒評価・授業評価に生かす

一方，リレー道徳において，教員間で一致した板書計画を構想している場合は，板書写真に気づいたことをメモし，指導案は参考資料として添付しておくのがわかりやすいと思います。板書写真には，生徒の生の発言が示され，メモの意味や意図を読み取るのが容易です。

　ローテーション道徳では，1人の教師が同一教材で各学級を回るため，特別な場合を除き，類似の板書計画で授業に臨むことになります。このような場合も，前時の板書写真に直接メモするのがよいでしょう。私は，メモした板書写真を教室に持ち込むこともありました。

　では具体的に，小学4年生の教材「泣いた赤おに」の場合で考えてみます。授業展開の大きな流れは，①赤おにの涙の意味，②青おにの行為の是非，③青おにの立場からの考察，④赤おにの立場からの考察，⑤真の友情の条件，というもので，下の図ではそれらのやりとりに対して黒板の機能「広場」「方向」「足跡」を水面下に意識しながら吟味し改善策を立てました。

　まず，思考の「広場」を確保するという観点からは，生徒の「手段」という発言を捉えて，それと表裏の関係になっている「目的・基準」という視点を提供して，より多面的・多角的に考える場を設定すべきだったとの振り返りを行い，その対応策をメモしています。次に生徒の考えようとしている「方向」を活用するという観点からは，「自分を犠牲にすることの是非」を追究しても，これはこれでひとつの興味深い授業展開になると考えました。また，教材場面に関係する行為の背景に横たわる道徳的価値への着眼から，自我関与して一般化するという方向についても，授業者はより意識して取り組む必要があるとの判断も行っています。最後に，思考の「足跡」をどのような形で明瞭に残すのかという観点については，授業の流れの⑤を黒板中央にするというメモを残しましたが，さらに考えると，①と②を黒板の両端に，③と④をその内側に，そして，⑤を黒板中央に示すという板書も考えられるところです。

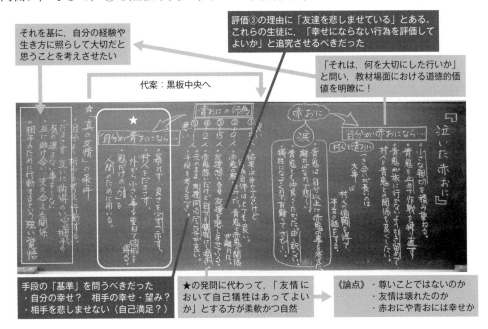

あとがき

　板書について，昨年再会した教え子から嬉しい話を聞くことができました。それは，「先生の道徳授業『青の洞門』で，2段式のスライド黒板の一番上まで使って双山を描き（註：洞門へつるべ落としに迫る競秀峰を山国川の対岸から見た姿），2人の人物（註：大罪人の了海と仇討ちの実之助）の心を表し，山の底に『過去は変えられない（が，今の努力で，未来は変えられる）』と書き，強調されたことが印象に残っている」と言ってくれたことです。私は，板書構想を練るとき，常にその一部でも生徒の心の隅に残ってほしいと思っているので，本当に嬉しく思いました。

　あまり適切な用法ではないかもしれませんが，私が大事にしている言葉に「歩留まり」があります。本来の意味は，「原料や素材の投入量から期待される生産量に対し，実際に得られた生産数量の割合のこと」ですが，これを道徳授業に当てはめて考えますと，道徳授業の内容・エキスを，いつまで，そして，どれだけ，心に残すことができたのか，ということです。

　宮沢賢治の教え子，瀬川哲男氏は60年のときを経て，なお，師の肥料に関する板書の一部の細胞図等を覚えており，そこから授業の概要を思い出しました（『教師宮沢賢治のしごと』畑山博著，小学館）。また，新美南吉の教え子，榊原二象氏は，30年後も，雨の日の体操の授業で，口を尖らせ，身振りを交えて，『ごんぎつね』の最後の場面を語る師の姿が，今も目の前に浮かぶ，と言っています（『新美南吉童話全集』3巻・付録No.3）。そして，高名の童話作家，あまんきみこ氏は，40数年前，国語の授業で先生は，教室に入るなり，起立，礼も言わず，凜然と黒板に，ウィリアム・ブレイクの詩『無垢の告白』の一節《一粒の砂に世界を見／一輪の野の花に天国を見る／掌の中に無限をつかみ／一瞬に永遠を知る》と書き，その後に，詩の心を説明されたという記憶が強く心に刻まれ，それが，その後のあまん氏の心の支えになったといいます。

　このような心の熱くなるような事例を前にして，私もせめて1年に1つでも2つでも生徒の心に深く残り，1年後，できれば数年後にもその一部，特に板書の一部でも記憶に残って，それが生きる力となり，道標・澪標となることができたなら教師冥利に尽きると思っています。

　この祈りに近い願いを叶えるための一番の近道はやはり優れた発問に裏打ちされた「板書」ではないかと私は考えています。

　繰り返しになりますが，優れた板書とは，

①立体構造化され，主題・ねらいと願いが明確で，心に響く協働制作図でありたい。

②板書のスタンダードを身につけ，自在に使いこなし，立体構造化された多彩なアドバンスを展開するため，図形や絵・写真，枠，吹きだし，矢印，色チョーク，文字の大小等を適切に使い，最終的には，1教材1板書を目標に創造的で少し遊び心のある板書としたい。

③主題・ねらいと願いが明確で，生徒にとって「共通の疑問」のもと，その思考を練り鍛えていくための「広場」と「方向」と「足跡」が提供・描写されている板書でありたい。

④道徳授業で私が特に重視する「価値認識」「自己認識」「自己展望」が板書の中核をなし，授業のプロセスが見える板書でありたい。

⑤例えば，『オーストリアのマス川』での「陰徳」，『月明かりで見送った夜汽車』の「さりげない気づかい」など，あるいは，「惻隠の情」「共生え」「人間」など，道徳科で一度は熟考したい用語に光を当てた板書で，生徒の心に燈火を掲げたい。

⑥心に響く「協働制作図」であるために，生徒一人一人が，自分の意見を反映した部分があると感じ，生徒一人一人が「秘かなる決意」をもてる奥行きの深い板書でありたい。そして，ロマンを感じる，心が楽しくなる板書でありたい。

　そのためにも，私は，授業終了の直前に「静謐の１分間」を設けることもよいと考えています。熱き思いの１時間の終わりにあたり，静かに板書を見つめ直し，省みて，本時の流れと核心，自分の立ち位置・意見の反映されている箇所を確認しつつ，自己の来し方・行く末を考えるとともに，記憶しておきたい言葉や今後の自己の生き方を心に刻みつけたい時間です。

　さて，最後に，私の道徳授業での思い出と気づいたことを記したいと思います。一つは，逆転の発想も必要で，学級経営ができてこそ道徳授業がうまくいくというだけでなく，実は道徳授業の中でこそ生徒理解が進み学級経営もうまくいくということです。また，道徳授業を行う基本は「倶学倶進」であり，事実，生徒に教わることも多いことです。例えば，『花さき山』で「本当に花さき山はあるか」という問いに，「トトロと同じで見える人には見える」と返ってきたことや，『親切はとうぜん』の授業で「落ちていた荷物のほこりを払って机に戻すのは親切」と答えた生徒など，私の方が教えられたという素敵な経験も多くあります。二つは，板書についても同様で，『石段の思い出』では，「勇気」と「親切」の重なりについて，また，『バスと赤ちゃん』では，「親切・当然・おせっかい」の違いと「本当の思いやり」について，深く考え議論する授業となり，まさに，教師と生徒の協働作業で完成する喜びを味わいました。ルイ・アラゴンも高らかに詠んでいます。「学ぶとは誠実を胸に刻むことであり，教えるとは希望を共に語り合うことである」（『フランスの起床ラッパ』）と。私たちは，道徳科こそこの理念実現の中核を担う教科だとの誇りと熱をもって楽しく取り組みたいものです。

　終わりに，出版に際して，高い見識を有する明治図書出版の茅野現氏から，望外の示唆と援助を賜りましたこと，嵯峨裕子氏の高所からの適確な校正をいただきましたこと，並びに，各地の研究同人の諸先生方に貴重なご意見ご協力を得ましたことに深く感謝の意を表する次第です。

2021年６月

荊木　聡

【著者紹介】

荊木　聡（いばらき　さとし）

平成４年より，貝塚市立中学校教諭として３校勤務。

平成９年に，兵庫教育大学大学院修士課程修了。

平成17年，大阪府中学校道徳教育研究会の初代事務局長。

平成22年より，大阪教育大学附属天王寺中学校教諭。

平成22〜23年は，文部科学省『中学校道徳　読み物資料集』の作成協力者。

平成27年からは，NHK 道徳番組「ココロ部！」の作成協力者。

平成29年度，月刊誌『道徳教育』（明治図書）に１年間連載。

令和２年より，園田学園女子大学人間教育学部准教授。

主な著書は，『中学校　新学習指導要領　道徳の授業づくり』（柴原弘志氏との共著，明治図書），中学校教科書『数学の世界』（大日本図書）等。

中学校道徳サポートBOOKS

中学校道徳板書スタンダード＆アドバンス

2021年９月初版第１刷刊　Ⓒ著　者　荊　　木　　　聡

発行者　藤　原　光　政

発行所　明治図書出版株式会社

http://www.meijitosho.co.jp

（企画）茅野　現（校正）嵯峨裕子

〒114-0023　東京都北区滝野川7-46-1

振替00160-5-151318　電話03(5907)6702

ご注文窓口　電話03(5907)6668

＊検印省略　　　　　　組版所　藤 原 印 刷 株 式 会 社

Printed in Japan　　　　　　ISBN978-4-18-375413-4

もれなくクーポンがもらえる！読者アンケートはこちらから